AMALFIKÜSTE
GOLF VON NEAPEL

Carola Käther lebt und arbeitet seit 1990 in Neapel.
Sie unterrichtet an der renommierten Universität
»Istituto Universitario Orientale« und ist Autorin ver-
schiedener Reiseführer über den Golf von Neapel.

W0029650

INHALT

◄ Der Schriftsteller John Steinbeck bezeichnete Positano (► S.72) als »den einzigen senkrechten Ort der Welt«.

Unterwegs an Amalfiküste und Golf von Neapel　36

Touren und Ausflüge　102

Wissenswertes über die Amalfiküste　112

Karten und Pläne

Willkommen an Amalfiküste und Golf von Neapel

Faszinierende Naturlandschaften und bedeutende Kulturstätten ziehen seit Jahrhunderten die Besucher in ihren Bann.

Fliegt man bei klarer Sicht auf die Bucht von Neapel zu, überwältigt einen schon der erste Eindruck: Nach dem Capo Posilippo und den Inseln Ischia und Procida zeigt sich weit ausladend der symmetrische Schwung des Golfs von Neapel. Entlang der Bucht erstreckt sich ein schier endloses und eng ineinander verschachteltes Häusermeer. Dieses Mosaik aus Ockerfarben und pompejanischem Rot sprenkeln wenige grüne Tupfer, nur unterbrochen von den Kuppeln und Türmen der zahlreichen Kirchen. Überragt wird das Szenario vom unberechenbaren Vesuv, der nur neun Kilometer entfernt von Neapel liegt.

Hat man wieder festen Boden unter den Füßen, schweift der Blick über die Bucht von Neapel, an deren Horizont sich das mondäne Capri und die Sorrentiner Steilküste abzeichnen. Sie wird mit ihrer gepflegten Gartenlandschaft die »klassische Seite« der gleichnamigen Halbinsel genannt.

Auf der anderen Seite liegt die wildromantische Amalfiküste. Sie ist ein Naturerlebnis der ganz besonderen Art: Steile, schroffe Klippen ragen aus dem türkisfarbenen, klaren Wasser und wechseln sich mit romantischen Buchten ab. Pastellfarbene, in sich verschachtelte kleine Häuser schmiegen sich an die Steil-

◄ Stilvoller als im Sorrentiner Bellevue Hotel Syrene (► S. 77) kann ein Sundowner schwerlich genossen werden.

wände. Duftende Wildblüten, aromatisches Macchiagewächs und das Geräusch der sich an den Felsen brechenden Wellen lassen den Alltag vergessen.

Kontrastprogramm Neapel

Im Gegensatz zur Insel- und Küstenwelt präsentiert sich die Stadt Neapel. Den Besucher erwartet hier ein ganz anderes Fest der Sinne: Der Orient lässt mit Farben und Gerüchen grüßen. Die engen Gassen, laut rufende Straßenhändler und das quirlige Straßenleben mit dem hektisch lärmenden Verkehr beeindrucken oder erschrecken den Fremden heute ebenso wie seinerzeit den auf den Spuren der Antike reisenden Goethe. Assoziationen von Chaos und Regellosigkeit, aber gleichzeitig auch von Lebendigkeit und Lebensfreude muss Neapel seit jeher ausgelöst haben. Schon vor 300 Jahren war die Stadt eine dicht bevölkerte Metropole. Auf jeden Fall ist sie einen Besuch wert. Bietet doch ihr historisches Zentrum eine unvorstellbare Fülle an Kunstschätzen verschiedenster Epochen. So versucht auch die Stadt seit einigen Jahren durch Pflege und Instandsetzung der unter dem Schutz der UNESCO stehenden Kulturdenkmäler ihr Image als europäische Metropole zu verbessern. Kultur und Tourismus gelten als Hoffnungsträger. Wie in den Ferienorten begegnet man auch hier Fremden mit freundlicher Offenheit, die jede Sprachbarriere gestenreich überwindet. Der Neapolitaner lässt sich von Widrigkeiten des Lebens

nicht unterkriegen, dafür ist es zu kurz. Die Allgegenwärtigkeit des Vesuvs über der Stadt macht die Vergänglichkeit menschlichen Schaffens hier deutlicher als an anderen Orten.

Open-Air-Museen der Antike

Der Vesuv zerstörte mit einem verheerenden Ausbruch im Jahr 79 n. Chr. die kulturell und wirtschaftlich blühenden Städte Pompeji und Ercolano in wenigen Stunden – und konservierte sie unter einer Lava- oder Ascheschicht für Jahrtausende, bis sie im 18. Jahrhundert zufällig wiederentdeckt wurden. Heute gehören die Ausgrabungsstätten zu den Hauptattraktionen Italiens. Hier wird das Altertum mit städtebaulichen Strukturen und Alltagsleben sichtbar. Knapp drei Millionen Besucher wandelten 2010 auf den Spuren der antiken Welt. Wer diesem Massentourismus entfliehen will, dem empfiehlt sich ein Besuch der weniger bekannten archäologischen Stätten wie der Luxusanlage der Villa Oplontis in Torre Annunziata und die römischen Villen in Castellammare di Stabia.

Noch mehr Vulkane

Eine Ahnung von der Urkraft dieser von Vulkanen geprägten Gegend bekommt man, wenn man die Campi Flegrei, die Phlegräischen Felder, zwischen Pozzouli und Cuma besucht. Die Fumarolen, Schwefeldämpfe aus Erdspalten, und der blubbernde Boden der Solfatara, ein flacher Vulkankrater, sind weitere vulkanische Merkmale. Sie beeindruckten schon die Menschen der Antike: Die Griechen hielten Solfatara für den Sitz des Gottes der Schmiedekunst und des Feuers. Am dunklen Averner See vermuteten sie den Eingang zur Unterwelt.

4

MERIAN TopTen

MERIAN zeigt Ihnen die Höhepunkte der Region: Das sollten Sie sich bei Ihrem Besuch an der Amalfiküste nicht entgehen lassen.

Ungebrochen ist der Zauber der paradiesischen Landschaft mit zerklüfteten Felsenküsten, dunklen Vulkanstränden, brodelnden Fumarolen, malerischen Grotten, pastellfarbenen Küstenorten, mit Thermalquellen und duftender, üppiger mediterraner Vegetation. Aber ebenso faszinieren den Besucher die antiken Ausgrabungsstätten und historischen Stadtzentren mit ihren sakralen Prunkbauten und Palästen vergangener Jahrhunderte.

MERIAN TopTen 360°

Damit Sie sich vor Ort schneller orientieren können, finden Sie zu ausgewählten MERIAN TopTen auf den folgenden Seiten Umgebungskarten mit Restaurant-, Einkaufsempfehlungen und Tipps für weitere Sehenswürdigkeiten.

1 Piazza Bellini, Neapel
Treffpunkt mit Cafés und ausgefallenen Lokalen (▸ S. 44).

**2 Museo Archeologico
Nazionale, Neapel**
Im Archäologischen Museum von
Neapel werden Schätze aus
Pompeji präsentiert (▸ S. 44).

3 Villa dei Misteri, Pompeji
Fresken vermitteln einen
Eindruck vom Lebensstil der ver-
sunkenen Stadt (▸ S. 59).

4 Vesuv
Der einzige noch tätige
Vulkan auf dem europäischen
Festland (▸ S. 66).

**5 Duomo und Chiostro del
Paradiso, Amalfi**
Aufgang und Fassade des Doms
symbolisieren die einstige Macht
der Seerepublik Amalfi (▸ S. 69).

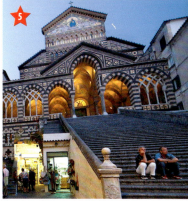

6 Valle dei Mulini, Amalfi
Im Mühlental von Amalfi
wurde schon im Mittelalter von
Hand Papier hergestellt (▸ S. 69).

7 Paestum
Einzigartige griechische Klas-
sik im Museum von Paestum: »Das
Grab des Tauchers« (▸ S. 72, 104).

8 Villa Rufolo, Ravello
Konzerte in der Villa sind ein
Musik- und Landschaftsgenuss
unter freiem Himmel (▸ S. 75).

9 Grotta Azzurra, Capri
Trotz touristischer Vermark-
tung ist der Zauber des blauen
Wassers ungebrochen (▸ S. 84).

10 Giardini di Poseidon, Ischia
Am Ende der Bucht von Citara liegt der schönste Thermalgarten von Ischia (▸ S. 93).

360° Neapel

MERIAN TopTen

1 Piazza Bellini
Einer der angenehmsten Treffpunkte im Herzen Neapels mit zahlreichen Cafés und ausgefallenen Lokalen (▸ S. 44).

2 Museo Archeologico Nazionale
Im Archäologischen Museum von Neapel werden u. a. die schönsten Schätze aus Pompeji präsentiert (▸ S. 44).
Piazza Museo 19

SEHENSWERTES

1 Chiesa San Pietro a Majella
Kirche aus dem 14. Jh. mit berühmten Deckenbildern von Mattia Preti. Im Kloster daneben liegt das Conservatorio di Musica (▸ S. 42).
Via S. Pietro a Majella

ESSEN UND TRINKEN

2 L'Etto
Modernes Büfett-Restaurant, in dem man die Speisen nach Gewicht bezahlt (▸ S. 47).
Via S. Maria di Costantinopoli 103

La Stanza del Gusto

3 Traditionelle neapolitanische Küche, von Chefkoch Mario Avallone neu interpretiert, mit erlesenen Weinen (▸ MERIAN Tipp, S. 14).
Via S. Maria di Costantinopoli 100

EINKAUFEN

4 Bottega 21
Hier gibt es mit Einblick in die Werkstatt feines modernes Lederhandwerk nach Maß zu kaufen (▸ S. 49).
Via San Domenico Maggiore 21

AM ABEND

5 Caffè Letterario Intra Moenia
Gemütliches Café mit eigenem Verlag. Abends gibt es Lesungen und Livemusik mit schönem Blick auf die Piazza Bellini (▸ S. 49).
Piazza Bellini 70

6 Spazio Nea
Eine Galerie für moderne Kunst mit Café-Bistro: Theaterperformance und Musik junger Künstler gehören zum Programm (▸ S. 50).
Via S. Maria di Costantinopoli 53

360° Amalfi

MERIAN TopTen

 Duomo und Chiostro del Paradiso

Fassade und Treppenaufgang des barocken Doms symbolisieren die einstige Macht der Seerepublik Amalfi (▸ S. 69).

Piazza Duomo

SEHENSWERTES

1 Museo della Carta

Die älteste Papiermühle Europas stammt aus dem 13. Jh. Heute beherbergt sie ein Museum zur Geschichte der Papierherstellung und einen Shop, in dem ausgefallenes Papier und Schreibgeräte verkauft werden (▸ S. 69).

Via delle Cantiere 23

2 Museo della Civiltà Contadina

In dem kleinen Bauernmuseum der Familie Aceto, die seit vielen Generationen hier Zitronenanbau betreibt, gibt es einen Einblick in die traditionellen Gerätschaften (▸ S. 70).

Via delle Cantiere 55

ESSEN UND TRINKEN

3 Pasticceria Pansa
Über die Stadtgrenzen hinaus bekannte, traditionsreiche Konditorei mit Café am Domplatz. Köstlich sind vor allem die kleinen Zitronenkuchen (▸ MERIAN Tipp, S. 16).
Piazza del Duomo 40

4 Taverna Buonvicino
Romantisch an einer kleinen Piazzetta in der Altstadt gelegen, bietet dieses kleine Restaurant nicht nur ein perfektes Ambiente, auch die modern interpretierte lokale Küche erfüllt gehobene Ansprüche (▸ S. 71).
Largo S. Maria Maggiore

EINKAUFEN

5 L'Arco Antico
In dem kleinen Papier- und Kartengeschäft werden ausgefallene und hochwertige Dinge aus Papier angeboten. Für Nostalgiker gibt es wunderschönes Briefpapier (▸ S. 72).
Via Capuano 4

360° Ischia (Gemeinde Forio)

MERIAN TopTen

Giardini di Poseidon

Der schönste und mit 20 Kurbadebecken und Privatstrand größte Thermalgarten von Ischia befindet sich am Ende der Bucht von Citara (▸ S. 93).

Via Giovanni Mazzella 87

SEHENSWERTES

➊ Chiesa Santa Maria del Soccorso

Von der imposanten weißen Seefahrerkirche aus dem 14. Jh. am westlichen Stadtrand von Forio hat man einen wunderschönen Ausblick aufs Meer (▸ S. 93).

Via Soccorso 1

➋ Giardini di Villa Ravino

Bei diesem ausgefallenen botanischen Garten mit Kakteen und Sukkulenten aus der ganzen Welt handelt es sich um die Privatsammlung von Kapitän Giuseppe d'Ambra, die er auf seinen Reisen angelegt hat (▸ S. 93).

Via Provinciale Panza 140 b

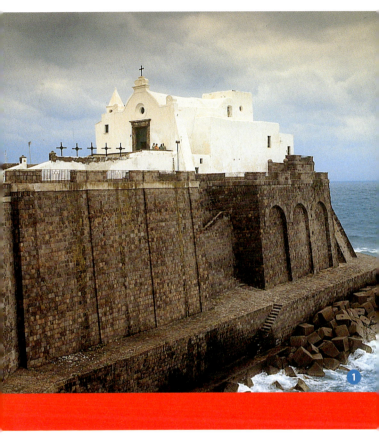

ESSEN UND TRINKEN

3 **La bella Napoli**
Beliebtes Restaurant mit Pizza aus dem Holzofen und lokaler Küche. Zentral am malerischen alten Hafen von Forio gelegen. Die Fischgerichte stehen hier an erster Stelle (▸ S. 94).
Via Marina 8

EINKAUFEN

4 **La Madonnella**
Die Keramik von Costantino Punzo zeichnet sich durch geschmackvolle, ausgefallene und fein gezeichnete Muster und Motive aus, die Traditionelles neu interpretieren (▸ S. 95).
Via Matteo Verde 32

AM ABEND

5 **Violet**
Restaurant und Nachtlokal mit Livemusik und ungewöhnlichen Cocktails. Nächtlicher Treffpunkt der Inselbewohner auch im Winter (▸ S. 95).
Via Giacomo Genovino

3

MERIAN Tipps

Mit MERIAN mehr erleben. Nehmen Sie teil am Leben der Region und entdecken Sie die Amalfiküste, wie sie nur Einheimische kennen.

1 **Villa Lara** F 5

Ein Bed & Breakfast der neu-en Generation, hoch über Amalfi – eine wahre Oase der Ruhe: Die Villa aus dem 19. Jh. erreicht man mit einem Privataufzug. Die Zimmer sind in schlichter Eleganz und mit Liebe zum Detail eingerichtet. Die Bäder schmücken Kacheln aus dem Töpferort Vietri sul Mare. Man frühstückt auf der Terrasse mit schönem Blick auf einen Zitronen-hain und die Stadt Amalfi. Amalfi, Via delle Cartiere 1 • Tel. 0 89/8 73 63 58 • www.villalara.it • Nov.–Mitte April geschlossen • 6 Zimmer, 1 Suite • €€€

2 **La Stanza del Gusto** ▶ Klappe hinten, d 2

In seinem 2008 in Neapel eröffne-ten Gourmetlokal verwöhnt Mario

Avallone als einer der kreativsten neapolitanischen Köche Gäste mit außergewöhnlichen Antipasti wie »arancini di mare« und anderen ausgefallenen Speisen, die bis zum Dessert die kampanische Küche neu interpretieren. Im oberen Restaurant wird feudal gespeist, das Erdgeschoss bietet »squisitezze« für den kleinen Hunger und zum Verkauf.

Neapel, Via S. Maria di Costantinopoli 100 • Tel. 0 81/40 15 78 • www.lastanza delgusto.com • tgl. außer So 10.30–24 Uhr (Mo nur mittags) • €€€

③ Badebucht in Erchie   📖 G 5

Das Fischerdorf Erchie mit seiner familiär anmutenden Atmosphäre gehört zu den kleinsten Küstenorten an der Amalfiküste. Über der Bucht mit Kieselstrand ragt malerisch ein alter Wachturm. Der Strand wird meist nur von Einheimischen besucht. In der Vor- und Nachsaison werden die Strandbäder abgebaut, und man ist hier fast allein am Strand.

④ Napoli Sotterranea

Das weitverzweigte ehemalige Zisternensystem der Stadt diente Neapolitanern im Zweiten Weltkrieg als Schutzraum und später den Mitgliedern der Unterwelt als Fluchtweg. Führungen durch diese geheimnisvolle Welt finden in drei verschiedenen Stadtvierteln statt. Im Ausgrabungskomplex »Tunnel Borbonico« besichtigt man neben den riesigen Zisternen auch das Meisterwerk eines bourbonischen Bauingenieurs: einen 430 m langen Tunnel, der als Fluchtweg vom Palazzo Reale dienen sollte, aber nie vollendet wurde. Von 1940–1960 diente ein Teil des Tunnels als Lager für beschlagnahmte Autos und Motorräder, die man während der Führung bewundern kann. Sonderführungen wie eine Schatzsuche und eine Abenteuertour auf einem Floß gehören ebenfalls zum Programm, das durch zahlreiche Kultur-Events abgerundet wird.

– Zentrum: Napoli Sotterranea, Piazza San Gaetano 68 • Tel. 0 81/29 69 44 • www.napolisotterranea.org • Mo–So 10–18 Uhr • mit Führung 10 €, reduziert 6/8 €   ▶ Klappe hinten, d 2
– Spanisches Viertel: Via S. Anna di Palazzo 52 • Tel. 0 81/40 02 56 • www. lanapolisotterranea.it • Treffpunkt Do 21, Sa/So 11, 12, 18 Uhr Bar Gambrinus, Piazza Trieste e Trento • 10 €, Kinder 5 €   ▶ Klappe hinten, c 4
– Chiaia-Viertel: Tunnel Borbonico, 2 Eingänge: Vico del Grottone 4 (Via Gennaro Serra) oder Via Domenico Morelli 40 (Parcheggio Morelli, ohne Treppen) • Tel. 0 81/7 64 58 08 • www.galleriaborbonica.com • Fr–So und Feiertag 10–12, 15.30–17.30 Uhr • 10 €, Kinder 11–15 Jahre 5 €
▶ Klappe hinten, c 5

5 **Ville Vesuviane**   D 3

Zur Zeit der Bourbonenherr-
schaft war es bei den neapolitanischen Adligen in Mode gekommen,
sich am Fuß des Vesuv prachtvolle
Villen zu bauen. Diese Luxusresi-
denzen gaben der Straße, die von
Portici über Ercolano nach Torre
del Greco führt, den Beinamen
»Goldene Meile« – Miglio d'Oro.
Das schönste dieser spätbarocken
Baudenkmäler, die Villa Campolieto, ist in Ercolano zu besichtigen.
In ihrem offenen Portikus findet
alljährlich im Juli ein Kulturfestival
mit Konzerten statt.
Ercolano, Villa Campolieto, Corso
Resina 283 • Tel. 0 81/7322134 • www.
villevesuviane.net • tgl. außer Mo
10–13 Uhr • Eintritt frei

6 **Pasticceria Pansa**   F 5

Die traditionsreiche Konditorei mit
Café im Herzen der Altstadt von
Amalfi ist seit 1830 in Familienbesitz. Hier lassen sich an zierlichen
Tischen mit weißen Spitzendecken
kleine Zitronenkuchen, Mokkatrüf-
fel und andere süße Köstlichkeiten in aller Ruhe genießen.
Amalfi, Piazza Duomo 40 • Tel.
0 89/87 10 65 • www.pasticceria
pansa.it • tgl. 8.30–22 Uhr

7 **Punta Campanella**   D 6

Ein Spaziergang, der hier endet, wird zu einem unvergesslichen
Erlebnis in einer noch unberührten
Natur. Sie spüren den Zauber der
Landschaft, wie ihn bereits schon
die Schriftsteller der Antike beschrieben haben. Der Spaziergang
startet auf der Piazza des kleinen
Ortes Termini. Nach einem kurzen
Stück auf der Straße beginnt ein
von Ginster und Myrten umgebener
und unbefestigter Weg, mit dem
tiefblauen Meer immer im Hintergrund. Nach etwa einer guten Weg-

8

stunde stehen Sie auf einer Aussichtsterrasse und blicken direkt
auf die Insel Capri.
www.puntacampanella.org

 **Badeabenteuer
auf Capri** ▶ S. 85, d1

Viele der reizvollen Buchten und
zahlreichen Grotten der Steilküste
Capris sind nur vom Meer aus zu
erreichen (Grotta Verde, Cala del
Tombosiello, Cala Ventrosa). Im
Hafen Marina Grande kann man
Boote mit Sonnensegel stundenweise oder für einen ganzen Tag
mieten, um sich auf Entdeckungsreise zu begeben und ins Badever-
gnügen abseits der Strandbäder
zu stürzen.
Bootsverleih Capri boat • Marina
Grande, Capri • Tel. 03 29/2 14 98 11 •
www.capriboat.com • ab 130 € (je
nach Dauer und Anzahl der Personen)

 La Mortella ▶ S. 93, a1

Als sich der englische Kom-
ponist William Walton (1902–1983)
eine Villa auf Ischia bauen ließ,
verwandelte sich ein ehemaliger
Steinbruch in einen bezaubernden botanischen Traumgarten. In
der grünen Oase des Gartens seiner Villa Mortella wachsen 184
verschiedene Arten tropischer und
mediterraner Pflanzen. In einem
Teil des herrschaftlichen Hauses,
in den ehemaligen Arbeitsräumen
Sir Williams, ist ein Museum untergebracht. Ein kleines Kaffeehaus lädt hier zum genussvollen
Verweilen ein.
Ischia, Forio, Via Francesco Caslise •
Tel. 0 81/98 62 20 • www.lamortella.
org • Anf. April–Ende Okt. Di, Do,
Sa, So 9–19 Uhr • Eintritt 12 €, Kinder
6–12 J. 7 €, 12–18 J. 10 €

 **Karfreitagsprozession
auf Procida** ▶ S. 99, c 1/2

Die Karfreitagsprozession der Bru-
derschaft der Turchini, die auf das
Jahr 1627 zurückgeht, gehört zu
den eindrucksvollsten Prozessio-
nen am Golf von Neapel. Denn im-
merhin fast ein Drittel der Inselbevölkerung Procidas nimmt aktiv
an der religiösen Feierlichkeit teil.
Die Menschen tragen dabei weiße
Kutten mit blauen Kapuzen. Selbst
die kleinsten Mädchen begleiten,
von ihren Vätern getragen und als
schwarze Madonnen verkleidet, die
trauernde Muttergottes.
Der hölzerne »Tote Christus«, eine
Figur aus dem 18. Jh., wird von einer Vielzahl traditioneller religiö-
ser Darstellungen sowie von einer
Blaskapelle bis zum Hafen beglei-
tet. Seit jüngster Zeit sind auch
immer wieder Wagen und Karren
mit Skulpturen zu Themen wie
Drogen, Korruption und Camorra-
terror zu sehen. Die Prozession
beginnt gegen sieben Uhr im Viertel der Terra Murata und dauert ca.
drei Stunden.
Procida, Terra Murata

Der majestätische Dom prägt das Stadtbild von Amalfi (▸ S. 69).
Zu Füßen der Haupttreppe wird in zahlreichen Restaurants für das
leibliche Wohl der Gäste gesorgt.

Zu Gast an **Amalfiküste und Golf von Neapel**

Eine grandiose Küche, abwechslungsreiche Landschaften und Kulturgeschichte zum Anfassen machen die Region zur Traumdestination.

Übernachten

Das Angebot ist vielfältig und reicht von familienfreundlichen kleinen Hotels und B&Bs bis hin zu Luxusherbergen mit einer eigenen Therme und großzügigem Wellnessbereich.

◄ Der blumengeschmückte Innenhof dieses Hotels an der Amalfiküste verheißt einen ruhigen Aufenthalt.

Regionale Hotelführer – leider sind die enthaltenen Preislisten selten auf dem neuesten Stand – kann man in Reisebüros und bei den örtlichen Touristeninformationen bekommen. Wer den Golf von Neapel mit seinen Inseln, Ausgrabungsstätten und der Stadt Neapel besuchen möchte, dem empfehlen sich als Standorte Ischia, Sorrento oder Neapel. Aufgrund der ausgezeichneten Verkehrsverbindungen mit Schiff und Bahn lässt sich von diesen Orten aus eine Menge unternehmen. Wer lieber ohne einen festen Aufenthaltspunkt reisen möchte, findet auch in den anderen Küstenstädten und -dörfern sowie im Hinterland ausreichend Übernachtungsmöglichkeiten.

Halb- oder Vollpension

In den Ferienorten an der amalfitanischen Küste und auch auf den Inseln sind Buchungen, besonders in den unteren und mittleren Preisklassen, zum Teil nur mit kombinierter **Halb-** oder **Vollpension** möglich. Dies muss aber nicht von Nachteil sein, denn die Angebote sind günstig, und das Essen ist meist gut.

Eine Reihe von Hotels wird auch in Katalogen für Pauschalreisen angeboten. Oft wird ein Aufenthalt so erheblich günstiger als bei einer individuellen Buchung. Ein Preisvergleich lohnt sich.

Capri ist im Golf von Neapel sicherlich das teuerste Pflaster, doch auch hier finden sich günstige Pensionen, die einen längeren Aufenthalt ermöglichen, ohne das Portemonnaie allzu sehr zu strapazieren.

Ferien abseits vom Touristenstrom kann man auf Procida machen. Die Monate Juli und August sind aber, nach Möglichkeit, wegen überhöhter Preise zu meiden.

 **MERIAN Tipp**

VILLA LARA F 5

Zentral und doch in sehr ruhiger Lage hoch über Amalfi bietet das B&B perfekten Service, geschmackvolle Zimmer und herrliche Ausblicke in die Natur. ▶ S. 14

Campen kann man am besten auf dem Festland. Die meisten Campingplätze befinden sich nördlich von Pozzuoli und in der Gegend um Paestum. Ebenfalls gut ausgestattete Anlagen findet man auf Ischia, bei Pompeji und auf der Sorrentiner Halbinsel. Einfache Campingplätze bietet Procida. Auf Capri ist Campen generell verboten!

Eine interessante Alternative sind die »**aziende agricole**«. Das sind kleine Landgüter mit Obst und Gemüse aus eigenem, meist ökologischem Anbau, das dann frisch aus dem Garten in der Küche für den Gast zubereitet wird. Diese Oasen der Ruhe liegen häufig abseits des Touristenstroms und eignen sich als Ausgangspunkt für Ausflüge in die ganze Golfregion (Informationen unter www.agriturist.it).

Empfehlenswerte Hotels und andere Unterkünfte finden Sie bei den Orten im Kapitel ▶ **Unterwegs an Amalfiküste und Golf von Neapel.**

Preise für ein Doppelzimmer mit Frühstück:

€€€€ ab 260 €	€€€ ab 140 €
€€ ab 90 €	€ bis 90 €

Essen und Trinken

Wohlschmeckend und gesund ist die Küche: Pasta, Gemüse, frischer Fisch und Obst gehören immer zum Angebot. Und die Weine haben höchste Qualitätsauszeichnungen erreicht.

◀ Sie sind überall an der Amalfiküste zu finden: Osterie und Trattorie, die zu wahrhaften Gaumenfreuden einladen.

Wer die echte Küche der Gegend kennenlernen möchte, sollte sich unter Einheimische mischen. Kochen und Essen gehören hier zu den alltäglichen, nie enden wollenden Gesprächsthemen. Denn das Essen zählt zu den größten Vergnügen und wird im Sommer bis spät in die Nacht zelebriert. Es empfiehlt sich, in den Restaurants, vor allem an Wochenenden und Feiertagen, zu reservieren.

Vier-Gänge-Menü

Wer ganz traditionell mit einem ersten Gang (»primo piatto«), dem Hauptgericht (»secondo piatto«), einer Beilage (»contorno«) und Nachspeise (»dolce«) essen möchte, findet überall einladende »trattorie« und »ristoranti«. Der Preis für ein Essen setzt sich hier aus einem Gedeck und Brot (»coperto«) und den bestellten Gerichten nebst Getränken zusammen. Je nach Exklusivität des Lokals variiert der Preis für das Coperto zwischen 1 und 3 €. Falls auf die Endsumme noch ein Zuschlag für die Bedienung (»servizio«) erhoben wird und 10–15 % Steuer (IVA) hinzukommen, ist dies auf der Speisekarte extra vermerkt.

Lassen Sie sich von den aromatischen Düften dieser einfachen Küche verführen, deren Geheimnis in der Frische der Zutaten und dem schmackhaften Olivenöl begründet liegt. Pasta, Gemüse und Fisch sind die Spitzenreiter auf der Speisekarte. Womit lässt sich der Hunger besser stillen als mit Spaghetti, Penne, Tortellini, Bucatini, Fettuccine, Orec-chiette oder einer anderen der vielen Hundert Nudelsorten? Die Wahl der Marke und Größe ist dabei mehr als nur eine Glaubensfrage.

MERIAN Tipp

LA STANZA DEL GUSTO
▶ Klappe hinten, d 2

Dieses Lokal zählt zu den bekanntesten Feinschmeckerrestaurants Neapels. Oben speist man edel, im Erdgeschoss etwas bodenständiger. ▶ S. 14

Verführerische Mittelmeergemüse

Das Angebot an Gemüsesorten, die die Nudelsoßen so vielfältig machen, richtet sich ganz nach der Jahreszeit. Im Sommer stapeln sich an den Gemüseständen violett schimmernde Auberginen, leuchtend rote und gelbe Paprikaschoten, kleine Zucchini und verschiedene Tomatensorten, die die Grundlage vieler neapolitanischer Gerichte bilden.

In der kälteren Jahreszeit wird der Speiseplan vor allem durch Artischocken, verschiedene Brokkolisorten, Mangold, Blumenkohl und Fenchel bestimmt. Letzterer wird hier im Süden gern roh verzehrt, als magenfreundlicher Abschluss nach einem guten Essen. Unübertrefflich ist das Angebot an frischem Fisch und Meeresfrüchten. Zu den Spezialitäten der zahlreichen Fischrestaurants gehören »zuppa di pesce« (eine gute Fischsuppe besteht aus mindestens zehn verschiedenen Fischarten) und »spaghetti alle vongole«, die mit kleinen Tomaten oder »in bianco«, mit Olivenöl, Knoblauch und Petersilie, serviert werden. Zu empfehlen sind auch kleine Sardinen, die frittiert oder in einer Marinade aus Öl, Zitrone und Petersilie eingelegt werden. Köstlich sind auch die verschiedenartig zubereiteten Tintenfische und Meeresfrüchte. Fischgerichte laufen den Fleischspeisen fast immer den Rang ab. Eine Ausnahme macht allein das »coniglio alla cacciatora« (Kaninchen nach Jägerinnenart), das vor allem auf den Inseln sehr gut zubereitet wird.

Als Vorspeise (»antipasto«) empfehlenswert sind frittierte Spezialitäten wie die mit Mozzarella gefüllten Kartoffelkroketten oder kleine ausgebackene Teigkugeln, sogenannte »pasta cresciuta«. Ein kulinarischer Höhepunkt sind die auf die gleiche Art zubereiteten Zucchiniblüten. Eine andere, mittlerweile auch bei uns bekannte Spezialität der Region ist der »mozzarella di bufala«. Der Weichkäse wird täglich frisch aus der Milch der Büffel, die in den sumpfigen Gebieten der Region gehalten werden, hergestellt. Auf den Inseln wird meist auch der im Geschmack leichtere und aus Kuhmilch hergestellte »fior di latte« als Mozzarella angeboten. Empfehlenswert ist ebenfalls der im Geschmack herzhaftere »provolone«, ein geräucherter Frischkäse. Nach dem »antipasto« folgt das für Italiener obligatorischen Nudelgericht (»primo piatto«), und anschließend wird Fisch oder Fleisch (»secondo piatto«) gereicht.

Ein kulinarisches Muss ist die weltberühmte, überallhin exportierte neapolitanische Pizza. Pizzerien gibt es in der ganzen Gegend in Hülle und Fülle. Das Gericht ist preiswert, und neben der echten Pizza Margherita mit Tomaten, frischem Mozzarellakäse und Basilikum gibt es unzählige Varianten, z. B. »pizza fritta«, eine in Öl gebackene Pizzatasche mit Ricotta, oder Pizza mit »salsiccia« und »friarelli«. Diese eher deftige Variante mit Wurst und Kohl essen Einheimische gern in der kalten Jahreszeit.

Süße Kalorienbomben

Eine Nachspeise (»dolce«) sollte nach einem guten Essen nicht fehlen. Ein Stück »torta caprese« (ein Schokoladen-Mandel-Traum) oder der leichteren »torta di limone« (Zitronentorte) ist auch beim nachmittäglichen Kaffeetrinken ein Genuss.

An den Küstenstreifen von Sorrent und Amalfi müssen Süßspeisenliebhaber unbedingt »delizia al limone«, ein Biskuit-Zitronen-Dessert, probieren. Der kleine Ort Minori gilt diesbezüglich als Geheimtipp. Lieblingskuchen der Neapolitaner sind die »sfogliate«, ein mächtiges, mit Ricotta gefülltes Gebäck, und der »babà«, ein feuchter Rumkuchen. Den Abschluss bildet ein duftender Espresso. Nach einem reichhaltigen und ausgiebigen Essen ist aber auch ein eisgekühlter »limoncello« (ein aromatischer Zitronenlikör), der es allerdings in sich hat, oder auch der Magenbitter »nocillo« (ein herber Likör aus Walnüssen) zu empfehlen.

Wein von den Hängen des Vulkans

Der Wein des fruchtbaren Lavabodens am Vesuv und auf Ischia war schon zu Römerzeiten berühmt. Seit Jahrhunderten trägt der trockene, angenehme Vesuvwein den Namen »Lacrima Christi«. Das Gut d'Ambra produziert die wohl besten Weine auf Ischia: den weißen Biacolella und den schweren roten Per'e Palummo, der zur Fischsuppe empfohlen wird.

Die Weine der Inseln Procida und Capri sind meist leichte offene Landweine. Ausnahmen sind die weißen Weine Punta Vivara sowie der Bordo Capri und der Rotwein Solaro, die auf Capri gekeltert und in Flaschen abgefüllt werden. Bei einem einfachen Essen empfiehlt es sich, den offenen Wein des Hauses zu bestellen, er ist nicht nur leicht und gut bekömmlich, sondern auch preiswert.

Was die Produktion am Golf von Neapel betrifft, gewinnen die Weingüter im Landesinnern, die meist unter der Bezeichnung »azienda agricola« zu finden sind und ihre Reben nach ökologischen Grundsätzen kultivieren, an Bedeutung. Alte Rebsorten werden wiederentdeckt und zu neuer Blüte gebracht. Die vulkanischen Böden der Weinberge des Gutes Villa Matilde in Cellole bei Caserta liegen auf den Hügeln des Monte Massico. Hier wurden die weiße Rebsorte Fa-

langhina und die beiden roten Reben Aglianico und Piedirosso wiederentdeckt. Die von der Familie Avallone produzierten Weine haben höchste Auszeichnungen erreicht. Ähnliche Erfolge kann das Gut der Familie Mustilli in Sant'Agata dei Goti, einem malerischen Bergdorf zwischen Caserta und Benevento, verzeichnen. Hier wird der Greco di Sant'Agata dei Goti angebaut und dann im antiken herrschaftlichen Palazzo Rainone aus dem 16. Jh. im Zentrum des gleichnamigen Städtchens zu Wein verarbeitet und in in Tuffstein gegrabenen Weinkellern gelagert.

Empfehlenswerte Restaurants finden Sie bei den Orten im Kapitel ▶ **Unterwegs an Amalfiküste und Golf von Neapel.**

Preise für ein dreigängiges Menü:

€€€€	ab 80 €	€€€	ab 50 €
€€	ab 30 €	€	bis 30 €

Über zwei Etagen erstreckt sich das La Stanza del Gusto (▶ MERIAN Tipp, S. 14) in Neapel: Oben werden feine Gerichte serviert, unten wird der kleine Hunger gestillt.

Einkaufen

Nicht nur in Neapel lässt es sich wunderbar shoppen, auch die Region bietet viel: von eleganter Designermode und farbenfroher Keramik bis hin zu kulinarischen Spezialitäten.

◄ Im trendigen Chiaia-Viertel in Neapel (► S. 39) reiht sich ein elegantes Schuhgeschäft an das andere.

Sowohl auf den Inseln als auch an der Küste wird der Besucher leicht ein Mitbringsel oder ein Erinnerungsstück finden. Dem Modeinteressierten bieten neben Neapel vor allem Capri mit Luxusartikeln und Positano mit bunter Sommermode ein reichhaltiges Angebot.

Das **Keramikhandwerk** blickt in der Region auf eine lange Tradition zurück. Seine Erzeugnisse werden vor allem auf den Inseln und an der amalfitanischen Küste produziert und verkauft (Keramikhochburg ist das Städtchen Vietri sul Mare). Das Gleiche gilt für **Korallenschmuck** und **Gemmen**. Ausgefallene **Parfümkreationen** gibt es auf Capri. Schöne **Holzintarsienarbeiten** bekommt man in Sorrento.

Eine kulinarische Köstlichkeit, die man mitnehmen kann, sind die Käsespezialitäten aus den Monti Lattari, vor allem der handgemachte »provolone del monaco« und der schmackhaft geräucherte »scamorza«. Nur für den sofortigen Verzehr geeignet sind dagegen Ricotta und Mozzarella aus Büffelmilch.

Einkaufsparadies Neapel

Wer einen richtigen Shopping-Tag verbringen möchte, sollte nach Neapel fahren. Gute Qualität hat zwar auch hier ihren Preis, jedoch sind Schuhe und andere Lederwaren »made in Italy« preisgünstiger als beispielsweise in Rom. Haupteinkaufsstraße und größtenteils Fußgängerzone ist die Via Toledo, im Volksmund Via Roma genannt. Daran schließt sich ab der Piazza Trieste e Trento das **Chiaia-Viertel** an, in dem junge, pfiffige Mode verkauft wird. Hier, an der Piazza dei Martiri, liegen die Filialen der großen Modedesigner. Eine Fußgängerzone mit vielen Geschäften hat auch der **Vomero** zu bieten, wo man unter Platanenbäumen bummeln kann und der leicht mit der Funicolare zu erreichen ist. In den nach den alten Zünften aufgeteilten Gassen der Altstadt um **Spaccanapoli** findet man **Goldschmuck** und die für Neapel typischen Silbervotivplatten einzelner Körperteile, die kranke Neapolitaner in der Hoffnung auf Heilung dem angebeteten Heiligen spenden. In den Buchläden findet man wunderschöne Bildbände der Region. In einer Seitengasse der Spaccanapoli liegt auch die Krippenstraße **San Gregorio Armeno,** in der das ganze Jahr über Krippenfiguren in allen Größen und Preiskategorien angeboten werden. Nicht weniger fantasievoll ist das Zubehör, das von kunstvoll dekorierten Obstkörben bis zu Musikinstrumenten reicht und den besonderen Stellenwert der neapolitanischen Krippe unterstreicht.

Öffnungszeiten

Die offiziellen Geschäftszeiten sind von Montag bis Samstag von 9.30 bis 13.30 und von 16 bis 20 Uhr. Im Dezember sind die Läden in Neapel auch sonntags geöffnet. In den Ferienorten sind die Öffnungszeiten fließend und richten sich nach der Saison. Am 15. August, Ferragosto, bleiben alle Geschäfte geschlossen.

Empfehlenswerte Geschäfte und Märkte finden Sie bei den Orten im Kapitel ► **Unterwegs an Amalfiküste und Golf von Neapel.**

Sport und Strände

An erster Stelle steht das Badeerlebnis an den Stränden der Küste und der Inseln, wo man auch Surfen und Segeln kann. Abwechslungsreiche Wanderwege locken im Hinterland.

◄ Zahlreiche schöne Wanderungen mit Meerblick lassen sich auf der sorrentinischen Halbinsel unternehmen.

Die schönsten Bademöglichkeiten findet man auf den Inseln im Golf von Neapel, weil hier die Meeresströmung für recht sauberes Wasser sorgt. Da man auf Capri und an vielen Stellen der Küste vergeblich nach Sandstränden suchen wird, hat sich hier die Kultur der Badeanstalten entwickelt. An diesen »stabilimenti« gelangt man über Leitern und Treppen leicht und bequem ins Wasser. Einige dieser Anlagen kann man nur vom Hafen aus mit dem Bootstaxi erreichen.

An der **Sorrentiner Steilküste** führen hoteleigene Stege zum Meer. Doch einige wenige Badebuchten (**Puolo-Bucht!**) sind auch öffentlich zugänglich. Idealer Bademonat ist der September, denn zu dieser Zeit sind die Wasser- und Lufttemperaturen angenehm warm, die Strände aber nicht mehr so überfüllt wie im Hochsommer.

Außerhalb der Sommermonate eignet sich auch der breite Sandstrand von **Capo Miseno** zum Sonnenbaden oder für einen ausgedehnten Strandspaziergang.

Die **Thermen** haben zu jeder Jahreszeit regen Zulauf. Wassersportarten wie Surfen und Segeln sind in fast jedem Badeort möglich. Zum Sportangebot von Amalfiküste und Golf gehören jedoch auch Tennisplätze, die meist den größeren Hotels angeschlossen sind.

Wanderungen auf den höchsten Berg Ischias, den **Monte Epomeo**, zählen zu den schönsten Naturerlebnissen der Region. **Capri**, wo die Hauptwege gut gekennzeichnet sind, lädt überwiegend zu einfachen Wanderungen ein. Der Rundweg von Marina Grande über Passetiello und Santa Maria à Cetrella auf den Monte Solaro und über Anacapri wieder zurück setzt jedoch nicht nur gute Ortskenntnisse, sondern auch Erfahrung im Bergsteigen voraus.

Wer eine solch sportliche Herausforderung sucht, kann auch zu höchst abwechslungsreichen Wanderungen im bergigen Hinterland der **amalfitanischen Küste** und auf die **Monti Lattari** (▶ S.109) aufbrechen. Eine herrliche Aussicht auf zauberhafte Landschaften verspricht der in den Bergen beginnende Weg von **Agerola** (Bomerano) über Nocelle und Montepertuso bis nach Positano hinunter. Nicht ohne Grund trägt diese Strecke den Namen **Sentiero degli Dei** (Weg der Götter).

③ MERIAN Tipp

BADEBUCHT IN ERCHIE  G 5

Das Fischerdorf Erchie an der Amalfiküste hat einen schönen Kieselstrand am Fuße eines antiken Wachturms. Bezaubernd – außerhalb der Sommersaison. ▶ S.15

BOOTFAHREN

Kanus, Kajaks und Schlauchboote kann man in nahezu jedem Badeort an den Küsten und auf den Inseln mieten.

SEGELN UND SURFEN

In fast allen Badeorten der Region gibt es Möglichkeiten, diesen Sportarten nachzugehen und sich die dazugehörige Ausrüstung auszuleihen bzw. einen Kurs zu besuchen.

Ischia, Maronti   ▶ S. 93, b 3
Die breite Bucht mit dem einzigen Strand der Gemeinde Barano ist ein beliebtes Surfer-Paradies.

TAUCHEN
Für Taucher sind besonders die Inselgewässer rund um Ischia, Capri und Sorrento interessant.

SORRENTINER HALBINSEL
🔖 D 6–E 5
TGI Dive Center
Massalubrense, Tauchgebiet Punta della Campanella, Via Fontanella • www.diveresidence.com

ISCHIA PORTO   ▶ S. 93, c 1
Orizzonti Blu Ischia Diving
Ischia, Via Iasolino 86 • www.orizzonti blu.net

TENNIS
Fast alle größeren Hotels der Badeorte verfügen über einen oder mehrere Tennisplätze, die auch von Nicht-Gästen benutzt werden können. In dem Fall jedoch mit Voranmeldung.

WANDERN
Wandern gehört nicht gerade zu den Volkssportarten der Süditalianer, was an den fehlenden Wegmarkierungen deutlich wird. Deshalb sollte man bei Wanderungen auf eigene Faust immer eine gute Wanderkarte dabeihaben. Capri bildet hier eine Ausnahme, auf der Insel sind die Wege gut gekennzeichnet.

Parco Naturale Diecimare   🔖 F 5
Vier Wanderwege führen durch das 444 ha große Naturschutzgebiet, das den Monte Caruso einschließt. Einen herrlichen Ausblick bietet der »sentiero dei due golfi«, man blickt gleichzeitig auf den Golf von Neapel und den von Salerno.

Castello Barbarossa   ▶ S. 85, c 1
Oberhalb der Villa San Michele auf Capri befindet sich an der Burgruine ein Vogelschutzgebiet. Führungen von April bis Oktober jeden Donnerstag. Anmeldung erforderlich.
Tel. 0 81/8 37 14 01

STRÄNDE
In der Vor- und Nachsaison kann man, abseits der Hauptstrände, auf Capri und an der amalfitanischen Küste romantische Felsbuchten entdecken. An fast allen Küsten der Region wird das Strandleben durch die sogenannten »stabilimenti« oder »bagni«, Badeanstalten am Meer, oft mit Bar oder Restaurant, organisiert. Neben der Vermietung von Kabinen und Liegestühlen wird auch der Strand gepflegt und sauber gehalten. Der Eintritt inklusive Liege kostet etwa 12 € pro Person. Einen Sonnenschirm gibt es ab 5 €.

AMALFITANISCHE KÜSTE
Positano   🔖 E 5
Der Küstenstreifen zwischen Colli di Fontanelle und Positano bietet zahlreiche kleine Badebuchten, die von der Küstenstraße aus über Treppen gut zu erreichen sind.
Westlich von Positano liegt die Bucht von Remmense, von der aus ein Fußweg bis zum Strand von Fornillo in Positano führt.

CAPRI
Marina Piccola   ▶ S. 85, d 2
Die kleine Felsenbucht liegt im Süden der Insel. Neben kleinen Strandbädern gibt es auch ein Stück freien Kieselstrand.

Punta Carena   ▸ S. 85, a 3
Der felsige Strand mit dem gepflegten Badekomplex Lido del Faro liegt
im Südwesten der Insel. Oft ist das
Meer hier sehr bewegt, und die
Bucht ist nur über eine steile Treppe
zu erreichen.

Spiaggia dei Faraglioni   ▸ S. 85, e 2
Hier kann man sich mit Blick auf die
malerischen Faraglioni-Felsen son-
nen, im glasklaren Wasser baden
oder im Restaurant verwöhnen lassen. Die beiden Badeanstalten sind
mit dem Boot oder zu Fuß über die
Treppe des Belvedere di Tragara zu
erreichen.

ISCHIA
Citara   ▸ S. 93, a 2
Charakteristisch für die malerische
Badebucht in der Gemeinde Forio
sind ihre verschieden großen Fels-
brocken im Meer.

Maronti   ▸ S. 93, b 3
Der breite Sandstrand zählt zu den
schönsten der Insel.

San Montano   ▸ S. 93, a 1
Die kleine, geschützte Bucht mit
Sandstrand (steiniges Meerufer!)
liegt bei Lacco Ameno und gehört
zur Hälfte zum gepflegten Thermalgarten Negombo.

PROCIDA
Ciraccio, Ciracciello   ▸ S. 99, b 2, a 3
Die miteinander verbundenen fla-
chen Sandstrände liegen im Westen
der Insel und sind ideal für Kinder.
Der Strand Ciracciello wird von den
Inselbewohnern auch »Chiaiolella«
genannt. Hier gibt es eine Strand-
promenade mit Strandbädern, freien
Abschnitten und Restaurants, die
sich auch am Abend großer Beliebtheit erfreuen. Der Strand Ciraccio
dagegen ist fast nur freier Strand.

Die drei schroffen Faraglioni-Felsen (▸ S. 87) vor Capri, eines der Wahrzeichen der
Insel, die von der Spiaggia dei Faraglioni aus zu sehen sind.

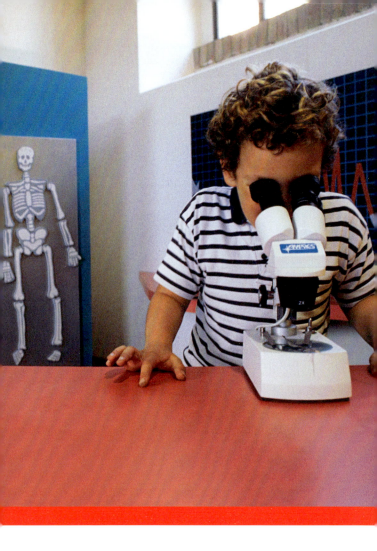

Familientipps

Abwechslungsreiche Felsen- und Sandstrände, versunkene
antike Städte, beeindruckende Vulkanlandschaften und
spannende Museen garantieren Spaß und Unterhaltung.

◄ Die Città della Scienza (► S. 33) fördert mit Workshops und Spielen den Forscherdrang der Kleinen.

Astroni 🔲 C 3

Der erloschene Krater im Gebiet der Phlegräischen Felder ist von einem Wald überwachsen, in dem es Seen und eine Vielzahl von einheimischen Tier- und Vogelarten gibt. Führungen nur nach Anmeldung.
Agnano, Via Agnano Astroni 468 • Tel. 0 81/5 88 37 20 • Fr–So 9.30– 14.30 Uhr • Eintritt 5 €, Kinder 3 €

Città della Scienza 🔲 C 4

Hier werden Technik und Wissenschaft kindgerecht vermittelt. Es gibt spannende Experimente und Simulationen.
Bagnoli, Via Coroglio 104 • www. cittadellascienza.it • tgl. außer Mo 9–15, So 10–17 Uhr, im Aug. geschl. • Eintritt 8 €, Kinder 5,50 €

🍃 Ecomuseo Furore 🔲 F 5

Den an der Amalfiküste gelegenen Ort gibt es gleich zweimal: das oben gelegene Furore und Marina di Furore mit seinen liebevoll renovierten Fischerhäusern unten am Meer. Er zählt zu den ersten Freilichtmuseen Süditaliens. Sein einzigartiger Fjord wurde schon zu Zeiten der Seerepublik Amalfi als natürlicher Hafen genutzt. Die Wasserkraft des aus den Monti Lattari kommenden Wildbachs Schiatro versorgte bis zum Anfang des 20. Jh. drei Mühlen und zwei Papierfabriken, deren Arbeitswelt mit hohem Restaurierungsaufwand heute wieder als Museum zugänglich gemacht wurde. Dem Besucher werden drei thematisch unterschiedliche Spaziergänge angeboten: Der Weg »sentiero dei pipis-

trelli impazziti«, ein in Zusammenarbeit mit dem Botanischen Garten von Neapel entwickelter naturalistischer Spaziergang; der Weg »le vie del cinema«, ein kulturhistorischer Weg, der vor allem dem Liebespaar Anna Magnani und Roberto Rossellini gewidmet ist, und der Weg »muri d'autore«, ein Rundgang, der an über 80 gemalten Graffiti und Skulpturen italienischer und mexikanischer Künstler entlangführt. Das Informationszentrum FurorEmozioni liegt unten am Fjord im Gebäude des einstigen Kalkbrennofens.
Marina di Furore • Mai–Sept. tgl. 10– 18 Uhr • www.comunefurore.it

MAV 🔲 D 4

Im neuen virtuellen archäologischen Museum wird auf 1500 qm die Antike zum Leben erweckt. Mehr als 70 multimediale Installationen zeigen die antiken vesuvianischen Städte in ihrem alten Glanz. Dreidimensionale Hologramme, Stimmen und Geräusche aus dem Alltagsleben lassen neben Touch-Bildschirmen den Besucher in eine andere Welt eintauchen. Auch die Unterwasserarchäologie wird mit der Rekonstruktion eines Nymphäums veranschaulicht.
Ercolano, Via IV Novembre 44 • Tel. 081/19 80 65 11 • www.museo mav.it • tgl. außer Mo 9.30–17 Uhr • Eintritt 11 €, Kinder 10 €

Museo Zoologico (Musei Scienze Naturali) ► Klappe hinten, d 3

Das Zoologische Museum gehört zu den insgesamt vier naturwissenschaftlichen Museen Neapels, für die man auch ein Gemeinschaftsticket lösen kann. Von der Maus bis zum Elefanten gibt es eine Vielzahl einheimischer und exotischer Tiere.

Neapel, Via Mezzocannone 8 • www.
musei.unina.it • Mo–Fr 9–13.30, Mo,
Do auch 14.30–16.50 Uhr, Aug. geschl. • Eintritt 2,50 €, Kinder 1,50 €,
alle 4 Museen Familienkarte 8 €

Osservatorio Astronomico di
Capodimonte   C 3
Das Observatorium liegt in einem
großen Park ganz in der Nähe des
Schlosses Capodimonte. Es wurde
1812 gegründet, und auch heute
noch wird hier geforscht. Es verfügt
über ein großes Teleskop und ein
Planetarium. Es gibt außerdem ein
Museum für Astronomie mit einer
umfangreichen Sammlung antiker
Instrumente und einem Meridian-
Teleskop. Von der Anlage öffnet sich
ein schöner Blick auf die Stadt
Neapel, Salita Moiariello 16 • Tel.
0 81/5 57 51 11 • www.oacn.inaf.it •
Besuch/ Führung mit Voranmeldung
(auch auf Deutsch) • Eintritt 5 €

Parco Nazionale del
Vesuvio   E 4
In dem 8480 ha großen Nationalpark
rund um den Vesuv ist nicht nur der
Aufstieg zum Kraterrand ein ein-
maliges Erlebnis. Das Naturschutzgebiet hat noch mehr zu bieten, gibt
es doch mittlerweile zwölf ausgezeichnete Natur- und Panorama-
wanderwege unterschiedlicher Länge
und Schwierigkeitsgrade. Die Wanderwege werden auf der Internet-
seite des Nationalparks beschrieben,
und für die meisten ist keine beson-
dere Erlaubnis erforderlich. Die Er-
kundung des Naturreservats Tirone
sowie des Panoramawegs Strada
Matrone ist allerdings nur mit Führungen möglich (Kontaktadresse und
weitere Informationen unter www.
ilportaledeiparchi.it).
Neu ist ein spezieller Busservice,
der einen Ausflug auf der Strada
Matrone zu einem unvergesslichen

Das Castello Aragonese (▶ S. 95) auf Ischia lockt mit einem 475 m langen Tunnelgang,
gruseliger Gruft und herrlichen Ausblicken – und danach der Sprung ins kühle Nass.

Erlebnis werden lässt. Von Pompeji-Villa dei Misteri fahren stündlich kostenlose Shuttlebusse (9–15 Uhr) bis zum Nationalparkeingang. Von dort geht es mit einem Allradbus etwa 25 Min. über enge Kurven die Strada Matrone hinauf bis fast zum Krater (Fahrt inkl. Gipfel ca. 20 Euro). www.busviadelvesuvio.com, www.parconazionaledelvesuvio.it

Parco Virgiliano   C 4

Auf dem höchsten Punkt des Viertels Posillipo gelegener, gepflegter Park mit Spielplätzen und einem wundervollen Blick auf den Golf.
Neapel, Posillipo • tgl. 8 Uhr bis 1 Std. vor Sonnenuntergang • Eintritt frei

Tunnel Borbonico

▸ Klappe hinten, c 5 und b/c 5

Mit Grubenhelm ausgerüstet, können Kinder ab 10 Jahren zusammen mit ihren Eltern auf einem Floß und zu Fuß die Unterwelt Neapels auf der Abenteuertour erkunden. Nichts für Leute mit Klaustrophobie.
Neapel , Tunnel Borbonico • www.galleriaborbonica.com • Eintritt 15 €, Kinder 10 € (▸ MERIAN Tipp, S. 15)

Valle delle Ferriere   F 5

Dieses von Felswänden aus Dolomiten- und Kalkgestein umgebene Tal ist ein Naturreservat, das seine üppige und außergewöhnliche Vegetation dem tosenden Wildbach Canneto verdankt, der das Gebiet etwa 3 km lang durchläuft. Wegen der hohen Luftfeuchtigkeit ist vor allem im Zentrum des Canyons ein Mikroklima entstanden, das große Farnarten wie den sehr seltenen Woodwardia radicans wachsen lässt. Unter den zahlreichen Wasserfällen er-

reicht der größte eine Fallhöhe von 20 m. Diese enorme Wasserkraft, die einst die Grundlage für den Antrieb der Maschinen der Eisenhütte und der Mühlen in dem sich anschließenden Valle dei Mulini war, bestimmte dieses Tal. Hier wurde aus Elba und Apulien stammendes Roheisen für die Werkstätten Amalfis aufbereitet und wertvolles Papier hergestellt.

Naturnah erfährt man auf dieser Wanderung einen wichtigen Teil der Geschichte der Seerepublik Amalfi. Ein dichter Laub- und Kiefernwald beherrscht das Tal, an den Felswänden breitet sich eine üppige mediterrane Macchia aus. Wer bis ins empfindliche Ökosystem im Zentrum des Canyons vordringen will, muss die Wanderung mit Führung machen, da das Innerste des Tals nur mit Erlaubnis zu betreten ist. Aber auch ohne Führung ist der Abstieg von Pontone (ein ausgeschilderter Weg beginnt auf der Piazza San Giovanni), einem Ortsteil von Scala, durch das Valle delle Ferriere bis zum Hochtal Valle dei Mulini und bis nach Amalfi möglich.
Info: Corpo Forestale di Agerola, Via Noce 2 • Tel. 081/8 02 53 28

Villa Floridiana   ▸ Klappe hinten, a 3/4

Der Park der Villa bietet viel Platz zum Spielen. Das darin untergebrachte Museo Nazionale della Ceramica »Duca di Martina« zeigt Keramik und Porzellan aus aller Welt.
Neapel, Eingang: Via Cimarosa, Vomero • tgl. 9 Uhr bis 1 Std. vor Sonnenuntergang

Weitere Familientipps sind durch dieses Symbol gekennzeichnet.

Farbenfrohe Häuser kennzeichnen das Fischerdorf Sant'Angelo
auf Ischia (▶ S. 97). Der autofreie Ort wird gern von internationalen
Gästen besucht.

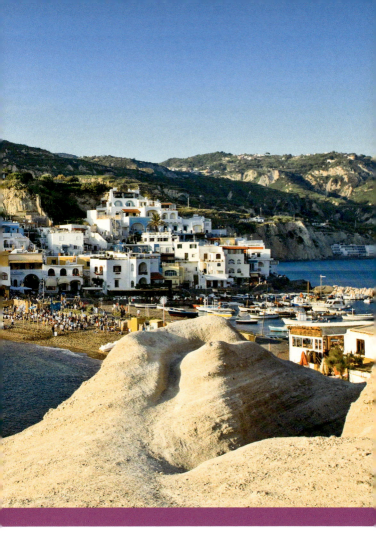

Unterwegs an **Amalfiküste und Golf von Neapel**

Die Fülle an Urlaubsmöglichkeiten in der Gegend ist unerschöpflich:
Badeferien oder Bildungsreise, Kuraufenthalt oder Naturerlebnis.

Neapel und Umgebung

Heute wie damals überwältigt die Metropole mit
vielfältigen Sinneseindrücken. Und auch die Umgebung
zieht Besucher mit ihrer Schönheit in ihren Bann.

◀ Eine Glaskuppel aus dem 19. Jh. überspannt die sich kreuzenden Arme der Galleria Umberto I (▶ S. 43).

Neapel und Umgebung

Pompeji und Ercolano

Inseln im Golf von Neapel

Amalfi und Amalfiküste

Neapel   📖 C 4–D3
1036 000 Einwohner
Stadtplan ▶ Klappe hinten

Neapel ist Hauptstadt der gleichnamigen Provinz sowie der Region Kampanien. Offiziell wohnt hier rund eine Million Menschen, inoffiziell sind es sicher über zwei Millionen. Hinzu kommt, dass 75 % der Stadtfläche bebaut sind. Solche Zahlen wirken erschreckend, doch diese Menschenmenge auf eng bebautem Raum macht, neben der Fülle an Kunstschätzen, einen großen Teil der Faszination der Stadt aus. Die Vitalität und Lebensfreude, die sich vor allem in der Altstadt zeigen, haben europäische Künstler und Literaten, für die ein Besuch Neapels zu den Höhepunkten ihrer Italienreise zählte, bereits im 18. Jh. begeistert beschrieben. Bei der Beobachtung des hektischen Gewimmels, der bunten Farben, der lauten Stimmen in den Altstadtgassen, wo die Hinterlassenschaften aus Mittelalter, Renaissance, Barock und Rokoko sich gegenseitig den Rang ablaufen, stürzen Besucher damals wie heute in eine Art Sinnestaumel, dem sie möglichst ausgeruht begegnen sollten. Für ein erstes Kennenlernen der Stadt sollte man den frühen Vormittag wählen, wenn sich das Leben und der Verkehr erst langsam in Bewegung setzen.

In der Altstadt liegt das Herz Neapels, wobei selbstverständlich das elegante **Chiaia-Viertel** mit seinen Wohnpalästen aus der Jahrhundertwende oder der im Westen etwas außerhalb gelegene **Posillipohügel**

mit seinem atemberaubenden Panorama nicht vergessen werden dürfen. Aber auch die »Oberstadt« Neapels auf dem **Vomero**, früher Jagdrevier der Bourbonen, lädt mit ihren weitläufigen Platanenalleen und Jugendstilhäusern zum Bummeln ein.

Mithilfe umfangreicher Renovierungsprogramme will die Stadt an ihre große kulturelle Tradition anknüpfen und lässt Stadtpaläste, Parkanlagen und Plätze in neuem Glanz erstrahlen. Der Ausbau der Metropolitana soll den Stadtverkehr entlasten. Neapel als Städtereiseziel hat in den letzten Jahren sehr an Attraktivität gewonnen. Kunstausstellungen, Museen und die Altstadt sind die neuen Ziele der Besucher. Feste und Konzerte auf der Piazza del Plebiscito sind fester Bestandteil des kulturellen Lebens geworden.

Der Mai ist als »Maggio dei Monumenti« zum »Kulturmonat« proklamiert worden, in dem seit 15 Jahren viele der oft verschlossenen Kunstschätze Neapels frisch restauriert der Öffentlichkeit zugänglich gemacht werden und eine breite Palette an kulturellen Veranstaltungen und Führungen geboten wird.

SEHENSWERTES
L'Acquario 👫👠   ▶ Klappe hinten, b 5
In der Villa Comunale befindet sich das älteste Aquarium Europas (gegründet 1872). Die angeschlossene zoologische Abteilung setzt sich vor allem für die Rettung der großen

Schildkröten ein. Die Einrichtung des Aquariums befindet sich noch im Originalzustand. Im ersten Stock sind monumentale Fresken mit schönen Darstellungen Neapels zu sehen, die der deutsche Maler Hans von Marées geschaffen hat.
Villa Comunale • Tel. 0 81/5 83 31 11 • www.szn.it • tgl. außer Mo 9.30–18.30 Uhr (Winter bis 17 Uhr) • Eintritt 1,50 €, Kinder 1 €

MERIAN Tipp

NAPOLI SOTTERRANEA
▶ Klappe hinten, d 2, c 4, c 5, b/c 5

Ein weitverzweigtes Zisternensystem, eine geheimnisvolle und sagenumwobene unterirdische Stadt, durchzieht die gesamte Altstadt von Neapel. Führungen werden in unterschiedlichen Stadtvierteln angeboten.   ▶ S. 15

Basilica di Santa Maria della Sanità und Catacombe di San Gaudioso
▶ Klappe hinten, nördl. c 1
Die Kirche wurde Anfang des 17. Jh. nach Plänen des Architekten Giuseppe Nuvolo erbaut, einem Ordensbruder, dem die Erfindung, die Kuppel mit Majoliken zu verkleiden, zugeschrieben wird. Beeindruckend ist die barocke Treppenanlage, deren zwei Rampen auf eine erhöhte Bühne mit dem Hauptaltar führen. Darunter liegt der Eingang zur Cappella di San Gaudioso, dem sakralen Zentrum der Kirche. Von hier aus gelangt man in die Catacombe di San Gaudioso, einem der eindrucksvollsten Beispiele neapolitanischer Grabkultur des 17. Jh.
Piazza Sanità • www.catacombedi napoli.it • Führungen tgl. 10–13 Uhr • Eintritt 8 €, Kinder 5 €

Castel Nuovo
▶ Klappe hinten, d 4
Die mächtige Festung wurde von Karl I. von Anjou im 13. Jh. errichtet. Das weiße Marmorportal gehört zu den schönsten Renaissancearbeiten in Neapel.
Piazza Municipio • Mo–Sa 9–19 Uhr • Eintritt 5 € (Museum)

Castel dell'Ovo
▶ Klappe hinten, c 6
Die Normannenburg aus dem 12. Jh. auf der kleinen Insel Megaride beherrscht den malerischen Borgo Marinari, einen beliebten Treffpunkt mit Cafés und Restaurants. Ein Brückendamm verbindet den Ortsteil mit dem Festland.
Borgo Marinari • Mo–Sa 8.30–19, So 8.30–13.45 Uhr

Castel Sant'Elmo
▶ Klappe hinten, b 3
Robert der Weise legte 1343 diese Festung hoch über der Stadt auf dem Vomerohügel an. Der Blick auf Stadt und Golf ist einzigartig.
Via Tito Angelini 20 • tgl. außer Mi 9–18.30 Uhr • Eintritt 5 €

Catacombe di San Gennaro
▶ Klappe hinten, nördl. c 1
Die größte Katakombe der Stadt, ein Gräberbezirk und Kultzentrum, die vom 2.–10. Jh. benutzt wurde, zeichnet sich nicht durch dunkle Gänge, sondern durch aus dem Tuffstein gehauene, kathedralenartige Gewölbe aus. Es gibt frühchristliche Freskenfragmente und das älteste Abbild des hl. Gennaro, der hier ebenfalls beigesetzt wurde.
Via Capodimonte 13, neben der Basilica del Buon Consiglio • www. catacombedinapoli.it • tgl.10–17, So 10–13 Uhr • Eintritt 8 €, Kinder 5 €, inkl. Eintritt in die Catacombe di San Gaudioso

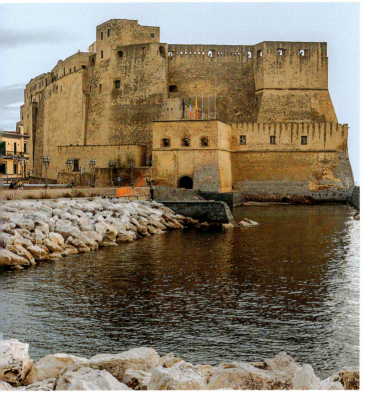

Der Dichter Vergil soll ein Ei ins Fundament des Castel dell'Ovo (»Eierburg«, ▶ S. 40) gelegt haben: Solange es heil bleibe, sei die Stadt vor dem Untergang geschützt.

Chiesa e Chiostro di Santa Chiara
▶ Klappe hinten, d 3

Die gotische Kirche, deren Innenraum durch Schlichtheit besticht, bildet den Mittelpunkt des größten Klosterkomplexes in Neapel. Der Kreuzgang mit seinem Garten und den Majolika-Bänken ist ein Ort der Ruhe. Der Eingang zum Kreuzgang liegt innerhalb der Klostermauern. Via Santa Chiara 49c • Tel. 0 81/7 97 12 24 • www.monasterodisanta chiara.eu • tgl. 9.30–17.30, So, Feiertag 10–14.30 Uhr • Eintritt 6 €

Chiesa del Gesù Nuovo
▶ Klappe hinten, d 2/3

Die gewaltige Diamantquaderfassade aus dem 15. Jh. gehörte ursprünglich zum Palazzo Sanseverino. Erst 100 Jahre später wurde der Innenraum zur Kirche geweiht. In der grandiosen Barockkirche gewinnt man einen Eindruck der tiefen Volksfrömmigkeit. Mit Hingabe wird der heiliggesprochene neapolitanische Arzt und Wissenschaftler Giuseppe Moscati verehrt. Piazza del Gesù • tgl. 7–13 und 16–19.30 Uhr

Chiesa San Giovanni a Carbonara
▶ Klappe hinten, e 1

Diese nicht renovierte Kirche mit ihrer monumentalen Freitreppe von Ferdinando Sanfelice (1708 erb.), die als Vorläufer der Spanischen Treppe in Rom gilt, ist die berühmte Grabkirche von König Ladislaus und besteht aus mehreren Gebäuden. Die kreisrunde Cappella Caracciolo di Vico, hinter der Chorkapelle, mit wunderschönem Marmorfußboden gilt als Meisterwerk der neapolitanischen Hochrenaissance.

Via Carbonara 5 • tgl. außer So 9.30–18 Uhr

Chiesa di San Gregorio Armeno
▶ Klappe hinten, d 2

Die Kirche aus dem 16. Jh. mit ihrer dunklen Vorhalle und die Klosteranlage zählen mit den Fresken von Luca Giordano zu den besonderen Kleinodien der Stadt.

Via San Gregorio Armeno • tgl. 9–12, So 9–13 Uhr

Chiesa San Pietro a Majella
▶ Klappe hinten, d 2

Die Kirche in der Nähe des gleichnamigen Musikkonservatoriums gehört zu den wenigen gotischen Kirchen in Neapel. Sehenswert sind der mit Marmor, Halbedelsteinen und Perlmutt geschmückte Hochaltar mit Baluster von Cosimo Fanzago sowie die Deckengemälde von Mattia Preti, die Szenen aus dem Leben des Papstes Celestino V. zeigen.

San Pietro a Majella 35 • tgl. 7.30 – 11.45 Uhr

Cimitero delle Fontanelle
▶ Klappe hinten, nördl. b 2

In diesen riesigen Tuffsteinhöhlen liegen etwa 8 Mio. menschliche Knochen und Schädel wohlgeordnet beisammen. Der Friedhof wurde wäh-

Mit 5000 qm ist die Catacombe di San Gennaro (▶ S.40) die größte Neapels. Die Fresken in den Grabnischen stammen zum Teil noch aus frühchristlicher Zeit.

rend einer Pest im 17. Jh. angelegt. Die »in Pflege« genommenen Gebeine zeugen noch heute vom besonderen Totenkult in Neapel, in dem sich Religion und Heidentum vermischen.

Via Fontanelle 8 • www.catacombedi napoli.it • tgl 10–17 Uhr • Eintritt frei

Complesso Monumentale di San Lorenzo Maggiore ▶ Klappe hinten, d 2

Neapels schönste gotische Kirche hat einen einzigartigen, nach französischem Vorbild angelegten Umgangschor mit Kapellenkranz. Bedeutend ist das mit herrlichen Mosaiken geschmückte Grabmal der Katherina von Österreich (1295–1323). Unterhalb der Kirche kann man römische Stadtruinen mit einer Markthalle mit sieben Gewölberäumen besichtigen.

Piazza San Gaetano 316 • www.san lorenzomaggiorenapoli.it • Ausgrabungsstätte: tgl. 9.30–17.30, So 9.30–13.30 Uhr • Eintritt 9 €, Kinder 6 €, Eintritt in die Kirche frei

Duomo ▶ Klappe hinten, e 1/2

Sehenswert ist vor allem die Cappella di San Gennaro, ein Kleinod neapolitanischer Barockkunst.

Via Duomo • tgl. 8–12.30, 16.30–19 Uhr

Galleria Umberto I ▶ Klappe hinten, c 4

Die in neuem Glanz erstrahlende Einkaufspassage liegt gegenüber dem Theater San Carlo. Sie stammt aus dem 19. Jh., und ihre beeindruckende Glaskuppel ist 56 m hoch.

Via Toledo

Marechiaro-Bucht C 4

In einer kleinen Bucht am Fuß des Posillipo, dem südwestlich ins Meer eintauchenden Bergrücken, liegt das ehemalige Fischerviertel Marechiaro, das man, von der Via Posillipo abbie-

gend, über die Via Franco Alfano erreicht. Hier kann man in kleinen Restaurants mit Blick über den ganzen Golf die neapolitanische Küche genießen. Besonders die Lokale an den Bootsanlegestellen, zum Teil mit Tischen auf den Stegen selbst, garantieren einen romantischen südländischen Abend.

◙ FotoTipp

Golf von Neapel

Ein idealer Ort, um ein Foto vom Golf zu machen, ist der Largo Madre Teresa di Calcutta, wo sich die Straßen Via Tasso und Via Aniello Falcone kreuzen. Das Panorama reicht vom Capo Posillipo bis zum Castel dell'Ovo.

Monastero di Camaldoli C 3

Zu den schönsten und berühmtesten Aussichtspunkten Neapels gehört die Gartenterrasse des 1582 von Giovanni D'Avalos gegründeten Klosters der Kamaldulenser auf der gleichnamigen Bergkuppe (485 m) im Nordwesten der Stadt. Von hier aus kann man einen Rundblick auf die Küste bis Sorrento und Capri, auf die kleine Insel Nisida sowie auf Pozzuoli, Baia und Capo Miseno genießen. Seit 1998 leben hier Nonnen des Ordens der hl. Brigitta, die im Klosterkomplex auch Zimmer an Gäste vermieten. Das Belvedere liegt im Klostergarten. Ist dieser geschlossen, weicht man auf das vor dem Kloster gelegene Belvedere Pagliarella aus.

Camaldoli, Via dell'Eremo 87 • Tel. 0 81/5 87 25 19 oder 5 87 58 07 • tgl. 10–12, 16–18 Uhr

Parco Virgiliano 👫 C 4

▶ Familientipps, S. 35

⭐ **Piazza Bellini** ▸ Klappe hinten, d 2

Der Platz liegt in der Nähe des Konservatoriums und gehört zu den beliebtesten Treffpunkten Neapels. Hier verwöhnt eine Reihe von Cafés und ausgefallenen Restaurants ihre Gäste fast rund um die Uhr.

Spaccanapoli ▸ Klappe hinten, c 3–e 2

Diese fast 2 km lange, schnurgerade und schmale Straßenschlucht beginnt am Fuße des San Martino Hügels und reicht von Via Pasquale Scura, Via D. Capitelli, Piazza del Gesù Nuovo, Via Benedetto Croce und Piazza San Domenico Maggiore mit der Via Vicaria Vecchia über die Via Duomo hinaus. Sie teilt die Altstadt in zwei nahezu gleich große Teile und wird deshalb im Volksmund Spaccanapoli (»spaccare« bedeutet spalten) genannt. Der Straßenzug war eine der Hauptachsen der griechischen und später römischen Siedlung. Hier befindet sich auch die kleine Piazzetta Nilo, auf der alexandrinische Kaufleute dem ägyptischen Flussgott Nilo eine Marmorstatue errichteten, die jetzt nach Restaurierung in neuem Glanz erstrahlt.

Die gesamte Straße ist für den Verkehr gesperrt und hat sich zum touristischen Zentrum herausgeputzt, denn hier befinden sich die bekanntesten Kirchen und Klöster der Stadt sowie die berühmte Krippenbauerstraße Via San Gregorio Armeno, in der das ganze Jahr Weihnachten zu sein scheint. Sehenswert sind auch die großen Adelspaläste (mittags und sonntags geschlossen) mit ihren eindrucksvollen Portalen, schmucken Innenhöfen und luftigen Treppenhäusern. Hervorzuheben sind der Palazzo Diomede Carafa (15. Jh.) mit seiner Fassade aus gelben und grauen Steinquadern, einem mit Schnitzereien reich verzierten Holzportal und dem großen Pferdekopf im Hof, Kopie einer antiken Bronzestatue. Eine interessante Gestaltung der Hofrückwand mit dreibogiger Loggia und Terrasse findet man im Palazzo Venezia, einst Sitz der venezianischen Gesandten.

MUSEEN

Cappella Sansevero
▸ Klappe hinten, d 2

Einst war es die Begräbniskapelle der Adelsfamilie Sangro. Die hier untergebrachte Marmorskulptur »Cristo Velato« von Giuseppe Sanmartino ruft Staunen hervor, so täuschend echt ist der transparente Schleier gelungen.

Via de Sanctis 19 • www.museosan severo.it • tgl. außer Di 9.30–18.30, So und feiertags 9.30–14 Uhr • Eintritt 7 €

⭐ **Museo Archeologico Nazionale (Archäologisches Museum)**
▸ Klappe hinten, c/d 1

Das aus dem 18. Jh. stammende Museum beherbergt eine der bedeutendsten archäologischen Sammlungen Europas: u.a. große Skulpturen der Antike (Erdgeschoss), eine ägyptische Sammlung (Untergeschoss) und alle in Pompeji, Ercolano, Stabia und Cuma ausgegrabenen Schätze (Obergeschoss).

Piazza Museo 19 • www.marcheo. napolibeniculturali.it • Mi–Mo 9–19.30 Uhr • Eintritt 8 €

Museo e Galleria Nazionali di Capodimonte ▸ Klappe hinten, nördl. c 1

Im Schloss Capodimonte befindet sich die Nationalgalerie. Ihren Grundstock bildet die Sammlung der Far-

nese mit Werken von Caravaggio, Raffael und Michelangelo, für die Karl III. mit dem Schloss repräsentative Räume bauen ließ.
Parco di Capodimonte • www.polo musealenapoli.beniculturali.it • tgl. außer Mi 8.30–19.30 Uhr • Eintritt 7,50 € (ab 14 Uhr 6,50 €)

Museo Nazionale della Ceramica »Duca di Martina« ▸ Klappe hinten, a 4

Der wunderschöne Park der Villa Floridiana bildet den stilvollen Rahmen einer kostbaren Keramik- und Porzellansammlung.
Villa Floridiana, Vomero • tgl. außer Di 9–14 Uhr • Eintritt 2 €

Museo Nazionale di San Martino
▸ Klappe hinten, b 3

Die berühmte neapolitanische Krippensammlung mit der figurenreichen Cuciniello-Krippe bildet den größten Anziehungspunkt des Museums, das sich in der Kartause von San Martino (14. Jh.) befindet.
Largo San Martino 5, Vomero • www. polomusealenapoli.beniculturali.it • Do–Di 8.30–19.30 Uhr • Eintritt 6 €

Museo di Palazzo Reale
▸ Klappe hinten, c 5/d 4

In dem einstigen Königspalast der Bourbonen sind prächtig ausgestattete Säle sowie Salons und das Hoftheater zu besichtigen.
Piazza del Plebiscito • www.palazzo realenapoli.it • Do–Di 9–19 Uhr • Eintritt 4 €

Museo del Tesoro di San Gennaro
▸ Klappe hinten, e 2

Privates Museum, das den Silber-, Gold- und Juwelenschatz des Stadtheiligen zeigt. In der Sakristei auch Bilder von Luca Giordano.

Via Duomo 149 • www.museosan gennaro.com • tgl. außer Mi 9–17.30 Uhr • Eintritt 7 €

Museo Zoologico (Musei Scienze Naturali) 🕴🧒 ▸ Klappe hinten, d 3
▸ Familientipps, S. 33

Palazzo delle Arti Napoli (PAN)
▸ Klappe hinten, b 4

In einem Adelspalast wurde 2005 das erste neapolitanische Museum für moderne Kunst eröffnet. Die Palette der ausgestellten Werke reicht von der modernen Malerei bis zur Videoinstallation.
Via dei Mille 60 • www.palazzoarti napoli.net • tgl. außer Di 9.30–19.30, So u. feiertags 9.30–14.30 Uhr • Eintritt 5 €

FotoTipp

Blick auf die Altstadt mit Spaccanapoli

Von der Piazza San Martino auf dem Vomero hat man einen einmaligen Blick auf die Altstadt von Neapel mit grünem Kupferdach der Kirche Santa Chiara und schnurgeradem Straßenverlauf des Spaccanapoli. ▸ S. 44

Villa Pignatelli ▸ Klappe hinten, a 5

An der Riviera di Chiaia gegenüber der Villa Comunale befindet sich in einer schönen Parkanlage eine neoklassizistische Villa, in der Kunstgegenstände und Möbel aus dem 19. Jh. ausgestellt sind. Außerdem ist eine Kutschensammlung mit Modellen aus dem 14. bis 20. Jh. zu sehen.
Riviera di Chiaia 200 • Tel. 0 81/66 96 75 • www.polomusealenapoli. beniculturali.it • Mi–Mo 8.30–14 Uhr • Eintritt 2 €

SPAZIERGANG

Stadtplan ▸ Klappe hinten

Bevor Sie sich in das historische Zentrum begeben, sollten Sie Neapel zuerst einmal von den Dächern des **Castel Sant'Elmo** oder von der Piazza vor San Martino aus betrachten, um den Aufbau der Stadt zu verstehen. Am besten können Sie die Kulturschätze auf den Rundgängen »decumano maggiore« (Via Tribunali) und »decumano inferiore« (Spaccanapoli) im Herzen der griechisch-römischen Altstadt kennenlernen. Sie stellen mit ihren Kirchen und Palästen ein ständig geöffnetes Museum dar. Nach einem Besuch des **Doms (Duomo)**, der San Gennaro, dem Schutzpatron Neapels, geweiht ist, überqueren Sie die Via Duomo und tauchen in das lebendige Treiben der Via Tribunali ein. Auf der linken Seite erscheint bald die **Kirche San Lorenzo Maggiore**. Hier biegen Sie nun links ab und befinden sich in der Krippenstraße, der **Via San Gregorio Armeno**, in der neben Werkstätten der Krippenbauer und -restauratoren auch die Seidenblumenbinder ansässig sind. Auch ein Besuch der **Kirche San Gregorio Armeno** mit der Klosteranlage und einem schönen Garten bietet sich an.

Danach gehen Sie am Ende der Gasse rechts in die Via San Biagio dei Librai, den berühmten Straßenzug, den die Neapolitaner **Spaccanapoli** genannt haben. Hier reihen sich Stadtpaläste wie der **Palazzo Marigliano** mit seiner Renaissancefassade, mit mächtigen Portalen, eindrucksvollen Höfen und Treppenaufgängen aneinander. Haben Sie die **Piazzetta Nilo** mit der Statue des Nilgottes erreicht, spazieren Sie rechts ein Stück die Via Nilo hinauf und biegen dann links in die Via de Sanctis, in der die **Cappella Sansevero** liegt. Am Ende dieser Straße breitet sich die belebte **Piazza San Domenico Maggiore** mit der gleichnamigen Kirche aus. Hier liegt das **Caffè Scaturchio**. Später folgen Sie der Via B. Croce bis zur Piazza Gesù Nuovo, an der sich die **Chiesa di Santa Chiara** und die Jesuitenkirche **Gesù Nuovo** gegenüberstehen.

Dauer: 2–3 Std.

ÜBERNACHTEN

Chiaja Hotel de Charme

▸ Klappe hinten, c 5

Elegantes Ambiente • Nur wenige Schritte von der Piazza del Plebiscito entfernt, präsentiert sich dieses kleine Hotel mit einer noblen Ausstattung und schönen Zimmern. Kostenloser Internetzugang.

Via Chiaia 216 • Tel. 0 81/415 5 55 • www.hotelchiaia.it • 14 Zimmer • €€€

La Ciliegina Lifestyle Hotel

▸ Klappe hinten, c 4

Mit Dachterrasse • Neu und sehr zentral gelegen zeichnet sich dieses modern eingerichtete Hotel durch exzellenten Service aus.

Via P. E. Imbriani 30 • Tel. 0 81/197 18 80 • www.cilieginahotel.it • 14 Zimmer • €€€

Hotel Correra 241   ▸ Klappe hinten, c 2

Futuristisches Design • Zentral gelegenes Hotel mit eigener Kunstgalerie. Hier gibt es auch Familienzimmer, zu denen eine kleine Küche für die Gäste gehört. Frühstück auf der großen Terrasse im Innenhof möglich. Aufmerksamer Service.

Via Correra 241 • Tel. 0 81/19 56 28 42 • www.correra.it • 20 Zimmer • €€

Von oben scheint der schnurgerade Straßenzug Spaccanapoli (▶ S. 44) die Altstadt in zwei Teile zu teilen. Viele Sehenswürdigkeiten sind von hier gut zu Fuß erreichbar.

Hotel Neapolis   ▶ Klappe hinten, d 2

Aufmerksamer Service • Im Herzen der Altstadt gelegen ist das Drei-Sterne-Hotel ein idealer Ausgangspunkt, um die Stadt zu erkunden. es ist nur wenige Meter von den wichtigsten Sehenswürdigkeiten entfernt. Ein exklusives Extra ist die schöne Dachterrasse.
Via Francesco del Giudice 13 • Tel. 0 81/4 42 08 15 • www.hotel neapolis.com • 24 Zimmer • ♿ • €

ESSEN UND TRINKEN
Antica Trattoria »Da Ettore«
▶ Klappe hinten, c 5

Einheimische Küche • Das einladende Lokal besteht seit 1920 und ist nach seinem Gründer »Hector« benannt. Dem Chef des Hauses kann man beim Kochen der authentischen Gerichte zuschauen.
Via G. Serra 39 • Tel. 0 81/7 64 35 78 • tgl. außer So und Mo abends • €

L'Etto   ▶ Klappe hinten, d 2

Bio und dynamisch • Der Name steht in diesem puristisch weiß gehaltenen Restaurant für sein Programm: Man sucht sich am Büfett unter den neapolitanischen und internationalen Gerichten etwas aus, wiegt es und bezahlt am Ende mit einer Chipkarte nach Gewicht der Speise, die ohne Unterschied pro 100 g 2,50 € kostet.

Die Auswahl ist groß: Suppen, Risotto, Pasta, Fisch, Fleisch, Gemüse und natürlich auch Süßspeisen. Brot und Wasser sind im Preis inbegriffen, der Wein wie das Bier stammen aus Kampanien. Es wird auf Qualität und eine biologische Herkunft der Produkte geachtet. Ideal für einen Brunch geeignet.
Via S. Maria di Costantinopoli 103 • Tel. 0 81/19 32 09 67 • www.kiletto.it • Mo–Do 12.30–15, 20–22.30, Fr–So 12.30– 15.30, 20–24 Uhr • €

Pizzeria Trianon da Ciro
▶ Klappe hinten, e 2
Beste Pizza der Stadt • In dem 1923 eröffneten Lokal gibt es zwar nur Pizza – diese aber in allen möglichen ausgezeichneten Variationen.
Via Colletta 44/46 • Tel. 0 81/5 53 94 26 • www.pizzeriatrianon.it • tgl. außer So 11–15.30, 19–23.30 Uhr • €

Taverna dell'Arte   ▶ Klappe hinten, d 3
Neapolitanische Spezialitäten • Kleines Lokal, in dem nach historischen Rezepten der neapolitanischen Küche gekocht wird – vor allem Suppen und Fleisch. Eine Spezialität ist der gefrorene und dann zerstoßene Basilikumlikör.
Rampe S. Giovanni Maggiore 1/a, Nähe Via Mezzocannone • Tel. 0 81/5 52 75 58 (vorbestellen!) • www.tavernadellarte.it • tgl. außer So ab 20 Uhr • €

Caffè Svelato   ▶ Klappe hinten, d 3
Dolce vita napolitana • Die kleine Bar neben der Cappella Sansevero macht nicht nur sehr guten Kaffee, sondern bietet auch kleine Pastagerichte und frische belegte Brötchen an.
Via F. De Sanctis 18 • Tel. 0 81/5 52 16 25 • tgl. 7.30–19.30, So bis 14 Uhr

Gran Caffè Gambrinus
▶ Klappe hinten, c 4
Berühmtes Kaffeehaus • Das historische Café liegt gegenüber der Oper und hat eine schöne Atmosphäre.
Piazza Trieste e Trento • Tel. 081/41 75 82 • www.grancaffegambrinus. com • tgl. 8–24 Uhr, auch im Winter durchgehend geöffnet

Scaturchio   ▶ Klappe hinten, d 2
Bester neapolitanischer Espresso • Große Auswahl an kleinen Kuchen,

Die Neapolitaner sind dem Belle-Époque-Café Gambrinus (▶ S. 48) eng verbunden: Als im 19. Jh. das Geschäft schlecht lief, renovierten Künstler es auf eigene Faust.

vorzüglichen Torten und herzhaftem Blätterteiggebäck.
Piazza S. Domenico Maggiore 19 • Tel. 0 81/5 51 69 44 • tgl. außer Di

EINKAUFEN

Bottega 21 ▶ Klappe hinten, d 2

Diese kleine Ladenwerkstatt für Kunsthandwerk und Lederartikel liegt etwas abseits der Touristenpfade, aber doch mitten in der Altstadt. Sie bietet dem Kunden nicht nur ein geschmackvolles puristisches Sortiment an Taschen, Geldbeuteln und Gürteln, sondern auch Einblick in die Werkstatt.
Vico San Domenico Maggiore 21 • Tel. 0 81/0 33 55 42

Dolce Idea ▶ Klappe hinten, c 3

Die mehrfach ausgezeichneten Produkte der Schokoladenfabrik Dolce Idea eignen sich mit ihren ausgefallenen Geschenkpackungen als kulinarisches Mitbringsel besonders gut.
Dolce Idea di Gennaro Bottone • Via Gennaro Serra 78 und Via P. Castellino 132 • www.dolceidea.com • tgl. außer So

Eccellenze Campane
▶ Klappe hinten, östl. f 2

Das im Januar 2014 eröffnete, moderne Kaufhaus mit Gastronomiebetrieb (5 verschiedene Restaurants) und einem Spezialitätenhandel bietet nur regionale Produkte mit Qualitätszertifikat an. Es liegt etwas abseits der Touristenrouten, erfüllt jedoch hohe Qualitätsansprüche zu günstigen Preisen.
Einheimische Kleinunternehmer haben sich hier unter dem Motto »Vom Hersteller direkt zum Verbraucher« unter einem Dach zusammengefunden. Die Produktspanne ist weit. So

reichen die kulinarischen Köstlichkeiten vom knusprigen Brot über schmackhaften Büffelmilchmozzarella bis zu hausgemachtem Bier, kampanischem Wein und duftenden Pralinen. Hier lässt sich ein Spezialitäteneinkaufsbummel perfekt mit einem neapolitanischen Essen verbinden. Das Parken ist kostenfrei.
Via Brin 69 • www.eccellenze campane.it • Tel.081/5636303 • tgl. 7–0, Sa 7–1 Uhr

Mabruk E 20 ▶ Klappe hinten, b 5

Das im eleganten Einkaufsviertel Chiaia gelegene Geschäft verkauft die modern interpretierten Produkte junger Kunsthandwerker aus der Region. Es gibt u. a. ausgefallenen Schmuck, Textilien, Keramik und moderne Kunst.
Via Cavallerizza a Chiaia • www. mabruke20.com • Tel. 0 81/0 41 03 89

AM ABEND

Das Angebot ist überaus vielfältig und reicht vom Opernbesuch, Lokalen mit Livemusik bis zu Tanzlokalen. Treffpunkt für alle Unternehmungen sind die Cafés und Bars an den Plätzen der Altstadt.
Bei allen Altersgruppen sehr beliebt sind die »Baretti« im Chiaia-Viertel in den Gassen Vico Belledonne und Via Bisignano. Hier trifft man sich am Abend zum Aperitiv inklusive kleinen Snacks.

Caffè Letterario Intra Moenia
▶ Klappe hinten, d 2

Literarisches Café, in dem das große Angebot an Büchern und Katalogen vor allem den Neapelbesucher zum Blättern und Lesen verführt.
Piazza Bellini 70 • Tel. 0 81/45 16 52 • www.intramoenia.it • tgl. 10–2 Uhr

Spazio Nea   ▶ Klappe hinten, d 2

Galerie für zeitgenössische Kunst mit Bistro: in der hektischen Altstadt ein idealer Ort, um in gepflegtem Ambiente zu entspannen. Musik, Theaterperformance und Kunstausstellungen. Via S. Maria di Costantinopoli 53 • www.spazionea.it • tgl. 9–2.00 Uhr

SERVICE
AUSKUNFT
Aasct – Touristeninformation
   ▶ Klappe hinten, d 2/c 4

Hier erhalten Sie das Heft »Napoli Qui«. Es ist kostenlos und erscheint monatlich auf Italienisch und Englisch mit aktuellen Informationen über Ausstellungen, Theater etc. Piazza del Gesù Nuovo, Tel. 0 81/55 12 01, bzw. Via San Carlo 9, Tel. 0 81/40 23 94 • www.napolinapoli.com

Kommunale Touristeninformation
   ▶ Klappe hinten, c 5

Neben Veranstaltungstipps erhält man hier auch das Heft »Napoli Qui«. Castel Nuovo • Tel. 0 81/7 95 61 62

Ziele in der Umgebung
◎ Baia   ▦ B 4

Die Gegend im Westen Neapels wurde wegen ihrer Heilquellen bereits von den Römern geschätzt. Die von ihnen erbauten Luxusvillen sind jedoch größtenteils im Meer versunken. Erhalten blieben die Reste von vier Thermen mit Badesälen sowie luxuriösen Ruheräumen. Freitreppen verbanden die bis zum Meer reichenden Anlagen. Parco Archeologico di Baia, Via Fusaro 35 • Tel. 0 81/8 68 75 92 • www.campiflegrei.napolibeniculturali.it, www.coopculture.it • geöffnet wie Castello di Baia (▶ S. 54) • Eintritt 4 € (mit Archäologischem Museum im

Castello di Baia, Cuma, Pozzuoli), Karte 2 Tage gültig 27 km südwestl. von Neapel

◎ Capo Miseno   ▦ B 4

Das Capo Miseno ist ein steil aus dem Meer aufsteigender Kraterfelsen, hinter dem einst geschützt der römische Kriegshafen von Cumae lag. Von hier aus hat man eine wundervolle Aussicht auf den Küstenabschnitt zwischen Gaeta und Neapel. Der Strand von Capo Miseno ist außerhalb der Sommermonate vor allem am Wochenende ein beliebter Treffpunkt für Familien mit Kindern. Man kann hier Drachen steigen lassen, Strandspaziergänge machen oder auch einfach von seinem Platz an der Bar die Sonne genießen und den Kindern beim Spielen zusehen. Allerdings sind auch Hunde am Strand erlaubt. 20 km südwestl. von Neapel

ESSEN UND TRINKEN
Da Fefé

Ausgezeichnete Qualität • Südländisches Lokal am kleinen Hafen. Via Miseno 125, Capo Miseno • Tel. 0 81/5 23 30 11 (Reservierung erforderlich) • www.fefeabacoli.it • Di–So 20–24, Sa, So auch 12–16 Uhr • €€

◎ Caserta   ▦ D 1

Einer der größten touristischen Anziehungspunkte im Hinterland von Neapel ist das barocke Königsschloss von Caserta, das in seinen Dimensionen gerne mit dem spanischen El Escorial verglichen wird. Das Schloss (Bauzeit 1752–1774) besitzt 1200 Räume, die sich auf vier Gebäudekomplexe verteilen. Allein die Fassade des Schlosses ist 250 m lang. Karl von Bourbon, Herrscher über die beiden Königreiche von Neapel

Wurde ursprünglich für einen Tempel gehalten, dann erkannte man, dass es sich um eine antike Markthalle handelt: der Tempio di Serapide (▶ S. 53) in Pozzuoli.

und Sizilien, ließ hier eines der letzten großen Baudenkmäler des europäischen Absolutismus errichten. www.reggiadicaserta.beniculturali.it • Park tgl. außer Di 8.30 bis 1 Std. vor Sonnenuntergang (Winter bis 14.30), Schloss tgl. außer Di 9–19 (Winter bis 15.30 Uhr) • Eintritt 9 €, Park 3 € 20 km nördl. von Neapel

◎ Casertavecchia   📖 D 1

In den mittelalterlichen schmalen Gassen dieses versteckt und hoch gelegenen Städtchens scheint die Zeit stehen geblieben zu sein. Malerisch gruppieren sich die alten Häuser um die eindrucksvolle Kathedrale. www.casertavecchia.net 30 km nördl. von Neapel

SEHENSWERTES
Duomo San Michele
Der im normannisch-arabischen Baustil geprägte Dom geht auf das 12. Jh. zurück. Die ganz mit Tuffstein verkleidete Fassade hat drei Marmorportale, die mit Tierskulpturen (Löwen, Stiere, Pferde) verziert wurden. Die zwei Säulenreihen, die die drei Schiffe im Innern des Doms teilen, stammen aus einem antiken Tempel.
Piazza Vescovado • tgl. 9–13, 15.30–18 (Sommer bis 22.30 Uhr)

ESSEN UND TRINKEN
Antico Ristorante Mastrangelo
Malerisch am Domplatz • Dieses Restaurant wurde im ehemaligen Bischofssitz eingerichtet. In den warmen Jahreszeiten sitzt man gemütlich im Innenhof des alten Gebäudes und genießt die regional geprägte Küche. Das Haus verfügt über eine auserlesene Weinkarte.
Piazza Duomo 5 • Tel. 08 23/37 13 77 • www.ristorantemastrangelo.com • tgl. außer Di • €

◎ Cuma   B 3

Das historische Cumae wurde im
8. Jh. v. Chr. gegründet und gilt als
eine der ältesten griechischen Kolo-
nien in Italien. Auf der Höhe des
Monte di Cuma liegen die Ruinen
der oberen Akropolis, im Osten der
Apollotempel und auf dem höchsten
Plateau der zur Basilika umgestaltete
Zeustempel, von dem man einen
herrlichen Ausblick auf Küste und
Meer hat. Auch wenn von den antiken Tempeln wenig erhalten blieb,
spürt man noch heute den Zauber
der Landschaft, der schon die Grie-
chen dazu bewegte, den Ort den
Göttern zu weihen. Zum Parco Ar-
cheologico in Cuma gehört außer-
dem die Orakelgrotte der Sibylle
(**Antro della Sibilla**), einer in der
Antike berühmten Seherin. Schon
Vergil erwähnte sie in seinen Versen.
Ausgegraben wurde sie erst 1932
von dem italienischen Archäologen
Amedeo Maiuri. Eindrucksvoll ist
der über 100 m lange, trapezförmige
Gang, der durch sechs Seitentunnel
Licht bekommt und zum ehemali-
gen Prophezeiungsort führt.
Parco Archeologico di Cuma,
Via Acropoli • www.icampiflegrei.it •
tgl. 9–16, im Winter 9–15 Uhr •
Eintritt 4 € (mit Baia und Pozzuoli)
18 km westl. von Neapel

◎ Pozzuoli   C 3

81500 Einwohner
Stadtplan ▶ S. 53
Zum Gebiet der **Campi Flegrei**, den
Phlegräischen Feldern, gehört auch
der **Golf von Pozzuoli** mit der gleich-
namigen Stadt. Das antike Puteoli
entwickelte sich unter römischer
Herrschaft im 2. Jh. v. Chr. durch den
Orienthandel zu einem der wichtigs-
ten Mittelmeerhäfen. Die zahlreichen

Villen der römischen Patrizier sind
im Meer versunken, doch allein ein
Blick auf das **Anfiteatro Flavio** in der
Oberstadt reicht aus, um sich die da-
malige große Bedeutung der Stadt zu
vergegenwärtigen.
Das moderne Pozzuoli erlitt durch
das schwere Erdbeben von 1980 große
Schäden, die jedoch nicht nur in der
Oberstadt, sondern auch in der Altstadt am Hafen wieder behoben worden sind. Die Häuser in den schmalen
Altstadtgassen um die **Piazza Repubblica** erstrahlen heute wieder in pompejanischem Rot und hellen Ocker-
tönen. Auch die für Pozzuoli so
typischen Hafenlokale haben den Betrieb wieder aufgenommen und erfreuen sich vor allem im Sommer
größter Beliebtheit. Allein im noch
immer abgesperrten Altstadtviertel
Rione Terra dauern die Renovierungsarbeiten an. Dabei wurde die
gesamte römische Stadt wiederentdeckt und zum Teil freigelegt. Die
Ausgrabungen sind am Wochenende
zu besichtigen.
15 km westl. von Neapel

SEHENSWERTES
Anfiteatro Flavio   ▶ S. 53, b 2
Das Amphitheater von Pozzuoli ist
das am besten erhaltene antike Mo-
nument der Stadt und das drittgrößte
antike Theater Italiens. Es wurde im
1. Jh. n. Chr. zur Zeit der Flavier erbaut. Von ehemals drei Zuschauer-
reihen sind allerdings nur zwei erhalten geblieben. Hier fanden zur Zeit
der Römer über 30 000 Zuschauer
Platz. Von den ehemals drei Arkaden-
geschossen der Außenfront stehen nur
noch einige Reste, da das Gebäude
über Jahrhunderte hinweg als Steinbruch diente. Ähnlich wie beim Kolosseum in Rom erhob sich ursprüng-

lich über dem Hauptsims des Theaters eine Mauer mit Säulengalerie.
Via dell'Anfiteatro • www.coop culture.it • Feb.–Okt. Mi–So 9–16, Winter 9–15 Uhr • Eintritt 4 € (mit Baia und Cuma)

Fischmarkt ▸ S. 53, a 2
Am Wochenende und in den frühen Morgenstunden herrscht auf dem Markt von Pozzuoli ein buntes Treiben. Die Händler preisen lautstark ihre fangfrische Ware, bestehend aus Muscheln, Seeschnecken, Garnelen, Tintenfischen, Kraken, Meerbarben, Glatthaien, Goldbrassen, Langusten, Thunfischen, getrockneten Klippfischen und vielen anderen Arten, an. Ein sehenswertes Spektakel mit südlich-temperamentvoller Atmosphäre.

Via Nicola Fasano 37 • tgl. 7–12 Uhr, je nach Nachfrage und Jahreszeit

Tempio di Serapide ▸ S. 53, a 2
Diese Ruinen wurden irrtümlicherweise erst für einen Tempel gehalten, da hier die Statue der ägyptischen Gottheit Serapis gefunden wurde. Es handelt sich jedoch um die großartig angelegte viereckige Markthalle der antiken Stadt, in der Rom nach den Punischen Kriegen fast seinen gesamten Handel (unter anderem kostbare Gewürze und Stoffe) mit Griechenland und dem Orient abwickelte. Der Innenhof der Markthalle war von vielen Bogengängen mit Geschäften umgeben. An den mit Bohrmuscheln bedeckten Säulen der Anlage konnte festgestellt werden,

dass der »Tempel« im Mittelalter bis zu 5 m tief im Meer gelegen haben muss, ein Beweis für den hier herrschenden sogenannten Bradisismus, der für die Hebungen und Senkungen des Bodens verantwortlich ist. Nachdem die Anlage jahrzehntelang über dem Meeresspiegel gelegen hatte, befindet sich der Boden des antiken Marktes nach einer letzten Absenkungsperiode wieder teilweise unter Wasser. Das Betreten der Anlage ist daher nicht möglich. Sie ist aber von allen Seiten einsehbar.
Piazza Serapide

MUSEEN
Museo Archeologico dei Campi Flegrei di Baia   B 4

In der Burg von Baia, die auf einer Kuppe über dem Meer liegt, wurde 1993 ein kleines archäologisches Museum eingerichtet. So kann man in zwei Sälen Reste eines Tempels und andere Ausgrabungsstücke aus dem Altertum besichtigen, die im Gebiet der Phlegräischen Felder gefunden wurden. In einem dritten Saal werden die neuesten Funde ausgestellt: Teile großer römischer Statuen, die aus der im Meer versunkenen Villengegend stammen. Ähnlich wie das Castel dell'Ovo in Neapel wirkt die Burg wie eine kleine mittelalterliche Stadt mit Straßen und Plätzen, die jedoch – abgesehen von den Museumsgebäuden – größtenteils dem Verfall preisgegeben und daher zurzeit nicht zu besichtigen sind.
Castello di Baia • http://museo archeologicocampiflegrei.campania beniculturali.it • tgl. außer Mo 9 Uhr bis 1 Std. vor Sonnenuntergang • Eintritt 4 € (2 aufeinanderfolgende Tage gültig mit Archäologischem Park von Baia, Cuma, Pozzuoli)

ÜBERNACHTEN
Wer Pozzuoli und die Phlegräischen Felder besuchen möchte, dem empfiehlt sich ein Quartier in der Umgebung der Stadt. Alle hier beschriebenen Hotels verfügen über eigene Parkplätze.

Club Cala Moresca   B 4

Blick auf Capo Miseno • Das kleine Hotel in ruhiger Lage kann mit Meerblick, Garten und Swimmingpool aufwarten. Es ist ein guter Ausgangspunkt, um mit dem Wagen die Umgebung zu erkunden.
Via Faro 44, Capo Miseno (Bacoli) • Tel. 0 81/5 23 55 95 • www.cala moresca.it • 25 Zimmer + 3 Suiten • €

Villa Giulia   B 3

Herrschaftlicher Landsitz • Renoviertes, stilvoll ausgestattetes Landhaus mit Gartenanlage. Auf Anfrage kann man hier auch speisen.
Via Cuma Licola 178, Cuma (7 km von Pozzuoli) • Tel. 0 81/8 54 01 63 • www. villagiulia.info • 6 Zimmer • €

ESSEN UND TRINKEN
La Cucina di Ruggiero   B 3

Gewagte Kreationen • In diesem Lokal direkt am Lago Lucrino erklärt der Chef des Hauses gern seine ausgefallenen Gerichte.
Via Lucrino intorno al Lago 3 • Tel. 0 81/8 68 74 73 • außer Fr–So nur abends geöffnet • €€

Il Gozzetto   ▶ S. 53, a 3

Mit Blick auf den Fischerhafen • In dieser Cafeteria werden neben dem obligatorischen Espresso auch kleine Snacks und Cocktails serviert.
Via S. Paolo 16, Porto di Pozzuoli • Tel. 0 81/5 26 95 63 • www.ilgozzetto. com • tgl. 8–2 Uhr • €

Die Einwohner Pozzuolis (▶ S. 52) leben vom Fischfang und Tourismus, der Hafen ist auch wichtig für die zahlreichen Fährverbindungen nach Ischia und Procida.

SERVICE

AUSKUNFT

Aasct – Touristeninformation

▶ S. 53, nördl. a 1

Largo Matteotti 1a • Tel. 0 81/5 26 14 81 • www.infocampiflegrei.it

◎ Solfatara   📖 B 3

Auf dem Weg von Neapel nach Pozzuoli führt einen der Weg unweigerlich an der Solfatara, dem bekanntesten vulkanischen Phänomen der **Phlegräischen Felder** 👫 vorbei. Die Solfatara ist eine eindrucksvolle Schwefelgrube, die den elliptischen Krater eines erlöschenden Vulkans ausfüllt. Bereits im Altertum waren die Naturerscheinungen der Solfatara immer wieder Anziehungspunkt für Dichter und Wissenschaftler. Reminiszenzen aus der Mythologie und der Dichtung der Antike sind wegen seiner dampfigdüsteren Atmosphäre nahezu unvermeidlich. Die Römer gaben dem Angst einflößenden Krater den Namen »Foro Vulcani« (»Sitz des Feuergottes«). Im Kraterhof steigen beißende Dämpfe, Schwefelgase, auf, zudem stoßen kleine Fumarolen heißen Schlamm aus. Die Fumarolen, Solfataren (Gasexhalationen mit Schwefelverbindungen) und Molfetten, die Kohlendioxid ausstoßen, sind typische Erscheinungen für die Ruhephase eines Vulkans. Besucher mit empfindlicher Nase sollten sich wegen des penetranten Schwefelgeruchs ein Tuch vor das Gesicht halten. Man sollte die vorgegebenen Wege auf dem Gelände keineswegs verlassen, da man sonst Gefahr läuft, sich zu verbrühen.

Vulcano Solfatara, Via Solfatara 161, Pozzuoli • www.solfatara.it • tgl. 8.30 Uhr bis 1 Std. vor Sonnenuntergang • Eintritt 7 €, Kinder 6 € 11 km westl. von Neapel

Pompeji und Ercolano

Die Ruinen dieser römischen Städte bieten einzigartige Einblicke in das Leben der Antike. Die Folgen des Vesuvausbruchs sind konserviert und immer noch gegenwärtig.

◄ Blick auf das Forum, den Hauptplatz der antiken Stadt Pompeji (▸ S. 57), der ursprünglich als Marktplatz diente.

Das blühende Leben der antiken Städte Pompeji und Herculaneum (Ercolano) wurde durch den Vesuvausbruch im Jahr 79 n. Chr. ausgelöscht. In Ercolano ließ der österreichische Fürst d'Elbœuf 1709 bis 1716 die ersten Grabungen mittels Stollen durchführen und entfernte alle Statuen aus dem Theater. Auch als 1748 unter dem Bourbonenkönig **Karl III.** die Ausgrabungen in Pompeji begannen, lag das Interesse vor allem an der Bergung von Kunstschätzen, Gold und Schmuck. Erst 1864 wurden Grabungsmethoden eingeführt, die die Gebäude schützten und die Dokumentation antiken Lebens in den Mittelpunkt stellten. Beide Orte sind über die Autobahn oder mit der Regionalbahn Circumvesuviana (Linie Neapel–Sorrento) leicht zu erreichen.

Pompeji
📖 E 4

26 100 Einwohner
Karte ▸ S. 59
Zum Zeitpunkt des Vesuvausbruchs war Pompeji eine reiche und selbstständige Hafen- und Handelsstadt, die unter einer 6 m hohen Ascheschicht begraben wurde. Bis heute ist sie noch nicht vollständig freigelegt. Man fand mehrstöckige öffentliche Gebäude, Tempel, Läden und Tavernen. Eine Vielzahl der vornehmen Villen mit kostbaren Innenausstattungen bezeugen den luxuriösen Lebensstil der Pompejaner. Zahlreiche Fundstücke der älteren Ausgrabungen sind heute im **Museo Archeologico Nazionale** ⭐ (▸ S. 44) in Neapel zu sehen.

Neapel und Umgebung

Pompeji und Ercolano

Inseln im Golf von Neapel

Amalfi und Amalfiküste

SEHENSWERTES

Anfiteatro
▸ S. 59, d 2

Das älteste bis heute zugängliche Amphitheater liegt an der südöstlichen Stadtgrenze, wo sich der große Touristenstrom schon verlaufen hat. Es wurde kurz nach 80 v. Chr. ohne unterirdische Gewölbe für wilde Tiere gebaut. So fanden hier hauptsächlich Gladiatorenkämpfe statt.

Casa dei Ceii
▸ S. 59, c 2

Eins der wenigen fast vollständig erhaltenen Häuser der antiken Stadt. Der Name stammt von einem der neun Namen, die auf den Wahlinschriften der Fassade erscheinen. Die Wände im kleinen Garten sind mit ägyptischen Landschaftsszenen dekoriert. In winziger Schrift sind hier Graffiti mit den Namen von Gladiatoren eingeritzt.

Casa del Fauno
▸ S. 59, a 2

Die Bronzefigur eines tanzenden Fauns gab dieser großen, eleganten Stadtvilla den Namen. Sie besitzt für jede Jahreszeit ein eigenes Speisezimmer, zwei Badeanlagen und mehrere Empfangsräume, deren Originalmosaiken im **Museo Archeologico Nazionale** ⭐ (▸ S. 44) von Neapel zu besichtigen sind. Berühmt ist das Mosaik der Alexanderschlacht.

Casa di Loreius Tiburtinus
▸ S. 59, c/d 2

Diese vornehme Villa gehörte einem Magistratsbeamten, der außerdem das Amt eines Isispriesters innehatte. Der Eingang liegt zwischen zwei Geschäften, an den Seitenwänden befinden sich Steinbänke für die Kunden. Neben den wunderschönen Wandmalereien ist die Gestaltung des Gartens hervorzuheben. Durch seine Mitte verläuft ein Kanal, der bei Festen zu Ehren der Göttin Isis die Überschwemmungen des Nils versinnbildlichte.

Casa di Marco Lucrezio Frontone ▸ S. 59, b 1
Dieses Haus, im nördlichen Teil der Stadt gelegen, gehört mit seinen dekorativen Wandmalereien zu den am besten erhaltenen Häusern. Bemerkenswert sind die feinen miniaturistischen Landschaftsbilder, die Motive aus der realen Umgebung von Pompeji zeigen wie z. B. die Sorrentiner Halbinsel. Auch die Rückwand des Gartens ist bemalt.

Casa e Thermopolium di Vetutius Placidus ▸ S. 59, c 2
Direkt an der Hauptstraße Via dell' Abbondanza liegt dieses für Pompeji typische zur Straße hin geöffnete Gasthaus, an dessen Theke warme Gerichte und Getränke angeboten wurden. Man zählt in der Stadt insgesamt 89 solcher Läden, eine Besonderheit sind die in die Theke eingemauerten Behälter für die Speisen. Im hinteren Teil des Lokals konnte man auch an Tischen das Essen zu sich nehmen. In einer Wandnische sieht man ein gut erhaltenes Freskenbild. Dem Geschäft ist ein Wohnhaus angeschlossen.

Edificio di Eumachia ▸ S. 59, b 2/3
In diesem Gebäude mit einem zweigeschossigen Säulenhof hatte die Innung der pompejanischen Tuchhändler und Stofffärber ihren Sitz. Ein besonders schönes Detail ist hier das mit zarten Pflanzen und Tieren geschmückte Relief aus Marmor am Hauptportal des Hauses.

Lupanaro ▸ S. 59, b 2
Bei diesem sehr gut erhaltenen zweistöckigen Eckhaus handelt es sich um eines der 25 Freudenhäuser der antiken Stadt. Es wurde nach den Lockrufen der Prostituierten benannt, die angeblich wie Wölfe heulten, um Kunden anzulocken. In den Kammern sind erotische Wandmalereien zu sehen.

Terme Stabiane ▸ S. 59, b 2
Bei diesem Komplex handelt es sich um die ältesten öffentlichen Thermen der Stadt. Um den Hof mit Säulengang, der als Palestra diente, liegen die verschiedenen Räume der Anlage. Hier gibt es eine Männer- und eine Frauenabteilung, die voneinander getrennt sind. Die Räume zeigen gut erhaltene, schöne Stuckwerkverzierungen. Die nördlich gelegene Frauenabteilung wurde restauriert und ist erst seit Kurzem der Öffentlichkeit wieder zugänglich.

Terme Suburbane ▸ S. 59, a 3
Dieser modernste Thermalkomplex des antiken Pompeji liegt an der Außenseite der Stadtmauer, ganz in der Nähe der Porta Marina und war auch für Römer auf der Durchreise zugänglich. Das Gebäude war zweistöckig, und die Bereiche für Frauen und Männer waren nicht getrennt. Aufgrund der hier gefundenen erotischen Wandmalereien, die einen Einblick in das Liebesleben der antiken Römer geben, wird vermutet,

dass es sich hierbei um ein geheimes Freudenhaus handelte.

Villa dei Misteri

▶ S. 59, nordwestl. a 2

Die wichtigste Villa des antiken Pompeji liegt außerhalb des Stadtgebietes (Zugang übers Ausgrabungsgelände).

Sie war im Besitz der kaiserlichen Familie und stellt ein meisterhaftes Beispiel einer luxuriösen römischen Landvilla dar. Im herrschaftlichen Speisezimmer ist das größte erhaltene Fries, dessen 29 lebensgroße Figuren das Ritual eines Mysterienkultes darstellen, zu besichtigen.

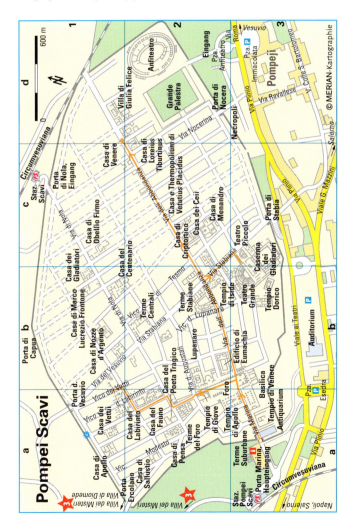

SPAZIERGANG

Karte ▸ S. 59

Für die Besichtigung sollten Sie sich wenigstens einen halben Tag Zeit lassen. Feste Schuhe sind Voraussetzung, um die Größe der Anlage nebst dem antiken Straßenpflaster aus Lavaplatten zu bewältigen. Es lohnt sich, am Eingang einen Plan der Ausgrabungsstätte zu kaufen.

Vom Haupteingang aus erreichen Sie zunächst durch das Stadttor **Porta Marina** die Via Marina. Sie führt zum **Forum**, einem von zweigeschossigen Säulenhallen gerahmten Hauptplatz der antiken Stadt, der von öffentlichen Gebäuden umgeben ist. Der marmorne Türrahmen am **Edificio di Eumachia**, dem Sitz der Tuchhändlerzunft, ist eine besonders schöne Arbeit. Im Norden des Forums steht der **Tempio di Giove** (Jupitertempel). In den dahinter liegenden Straßen befinden sich einige der sehenswertesten Gebäude Pompejis. Zunächst treffen Sie auf die **Terme del Foro**. Ganz in der Nähe liegt auch die **Casa del Fauno**. Wenn Sie sich von hier aus rechts halten, kommen Sie zur **Casa del Labirinto**.

Gleich daneben biegen Sie in die Gasse Vico dei Vettii ein, dort liegt die vornehm ausgestattete Villa **Casa dei Vettii**. Wie Sie auf den Fresken des Hauses der Brüder Vettii sehen können, wurden damals in Pompeji Rosen gezüchtet, aus deren Blättern man Parfüm herstellte.

Zurzeit werden in dem Haus Renovierungsarbeiten durchgeführt, deren Ende noch nicht feststeht. Dieser Teil der Ausgrabungen wird übrigens meist zum Ziel der Gruppenreisenden. Wenn Sie dem Gedränge entkommen möchten, können Sie auch vom Forum aus der einstigen Hauptgeschäftsstraße Via dell'Abbon-

Die meisterhaften Fresken in der pompejanischen Villa dei Misteri (▸ MERIAN TopTen, S. 59) zeugen von Reichtum und Kultiviertheit der untergegangenen Stadt.

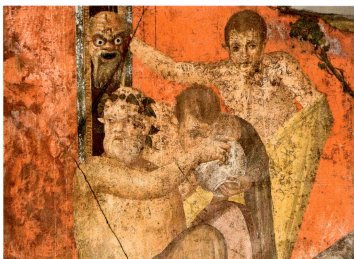

danza in Richtung der neueren Ausgrabungen und des **Amphitheaters** folgen. Wenn Sie diesen Weg einschlagen, sollten Sie die größte Therme des antiken Pompeji, die **Terme Stabiane**, besichtigen. Gehen Sie von dort die Via Stabiana in südlicher Richtung, gelangen Sie zu den beiden Theatern der Stadt. Sie konnten 5000 (Theater) bzw. 900 (Odeum) Zuschauer aufnehmen.

Bei den neuen Ausgrabungen sollten Sie keinesfalls einen Besuch der kostbar eingerichteten Villa **Casa di Loreius Tiburtinus** versäumen. Sie besitzt einen für den Isiskult gestalteten Garten. Die Besichtigung der **Terme Suburbane**, einer luxuriösen Thermenanlage mit erotischen Wandmalereien, und des **Termopolio di Vetutio Placido** ist dank der Einstellung neuen Personals seit Juni 2014 wieder möglich.

Informationen zur aktuellen Situation der zu besichtigenden Häuser und Anlagen in Pompeji erhält man im Informationsbüro (Tel. 0 81/8 57 53 47). Hier informiert man ebenso zu besonderen Veranstaltungen wie z. B. der »Notte dei Musei«, in der ein Teil der antiken Stadt auch in der Nacht besichtigt werden kann. Im Eingangsbereich der Porta Marina superiore (gegenüber der Haltestelle der Circumvesuviana) gibt es eine kostenlose Garderobe und Gepäckaufbewahrung. Ein anderer Eingang befindet sich an der Porta Marina inferiore (Piazza Esedra). Für Rollstuhlfahrer ist der Eingang am Amphithcater vorgesehen.

www.pompeiisites.org • Pompei Scavi ist von April–Okt. von 8.30–19.30 (letzter Einlass 18.30) und von Nov.–März von 8.30–17 (letzter Einlass 15.30 Uhr) geöffnet, alle Ausgrabungsstätten sind am 1. Jan., 1. Mai und 25. Dez. geschlossen • Eintritt 11 €, Sammelticket für alle Ausgrabungsstätten (3 Tage gültig) 20 €

ÜBERNACHTEN

Forum ▸ S. 59, d 3

Zurückhaltend elegant • Mit seinen komfortabel ausgestatteten Zimmern und dem Garten gehört das Hotel unstrittig zu den besten in Pompeji. Es befindet sich im Stadtzentrum. Bis zur Ausgrabungsstätte Pompei Scavi sind es nur etwa 100 m.

Via Roma 99 • Tel. 0 81/8 50 11 70 • www.hotelforum.it • 36 Zimmer • ♿ • €

Hotel Maiuri ▸ S. 59, südöstl. d 3

Modernes Ambiente • Das kleine Hotel liegt im Stadtzentrum von Pompeji. Alle Zimmer sind mit Balkon und Klimaanlage ausgestattet. Bis zum Haupteingang der Ausgrabungsstätte sind es 20 Min. zu Fuß, aber das Hotel bietet die Möglichkeit, kostenlos davor zu parken.

Viale dell'Unità d'Italia 20 • Tel. 081/8 56 27 16 • www.hotelmaiuri.it • 24 Zimmer • €

ESSEN UND TRINKEN

Il Principe ▸ S. 59, östl. d 3

Erstklassiger Service • Ganz in der Nähe der großen Basilika des modernen Pompeji liegt das renommierte, stilvoll klassizistisch eingerichtete Restaurant mit vorzüglicher Küche.

Bartolo Longo 1 • Tel. 0 81/8 50 55 66 • www.ilprincipe.com • tgl. außer Mo • €€€

Ristorante Maccarone

▸ S. 59, östl. d 3

Gutes Preis-Leistungs-Verhältnis • Das Restaurant bietet regionale Kü-

che in elegantem Ambiente mit besonders guten und ausgefallenen Vorspeisen, aber auch die Pizza gehört zur Speisekarte.
Viale dell'Unità d'Italia 51 • Tel. 0 81/8 50 09 67 • €

Zì Caterina   ▶ S. 59, d 3
Rustikale Atmosphäre • Restaurant und Pizzeria zugleich: Hier gibt es für jeden Geschmack verschiedene Menüangebote inklusive Fisch- und Meeresfrüchte.
Via Roma 20 • Tel. 0 81/8 50 74 47 • www.zicaterinapompei.com • tgl. außer Di • €

EINKAUFEN
Die Marktstände vor der Ausgrabungsstätte sollte man meiden, denn im Shop neben der Kasse oder dem des **Museo Archeologico Nazionale** ⭐ (▶ S. 44) findet man eine größere und bessere Auswahl.

SERVICE
AUSGRABUNGEN – INFO
Scavi archeologici   ▶ S. 59, a 3
Porta Marina • Tel. 0 81/8 57 53 47

AUSKUNFT
Aasct – Touristeninformation
                              ▶ S. 59, östl. d 3
Via Sacra 1 • Tel. 0 81/8 50 72 55 • www.pompeiisites.org

Ziele in der Umgebung
◎ Castellammare di Stabia
                                      ⊞ E 4/5
67 000 Einwohner
Aus dem antiken, ebenfalls vom Vesuvausbruch zerstörten römischen Ort ist eine Hafenstadt mit Schiffsbauindustrie geworden. Ausgrabungen nach dem Zweiten Weltkrieg brachten im Ortsteil Varano römi-

sche Villen zum Vorschein, von denen zwei besichtigt werden können.
8 km südl. von Pompeji

SEHENSWERTES
Villa Arianna
Diese Villa wurde nach dem großen Dionysos-und-Ariadne-Bild benannt, das sich in den repräsentativen Räumen befindet. Die kleineren Räume zeichnen sich dagegen durch ihre Wandmalereien mit kleinen mythologischen Szenen aus.
Unter architektonischen Gesichtspunkten kann die Villa aufgrund ihrer ausgedehnten Terrassenanlage mit Blick auf den Golf und die Küste vom Monte Faito bis zum Vesuv als »Aussichtsvilla« bezeichnet werden.

Villa San Marco
In dieser einstigen römischen Prachtvilla gab es neben dem Wohnbereich eine aufwendige Badeanlage mit einem lang gestreckten Schwimmbecken und einem Garten, der von einem Säulengang umgeben war. An dessen Ende befand sich ein Nymphäum. Die Ruheräume der Villa sind mit eindrucksvoller Wandmalerei geschmückt.
Via Passeggiata Archeologica • Tel. 0 81/8 57 53 47 • www.pompeii sites.org • April–Okt. tgl. 8.30–19.30, Nov.–März 8.30–17 Uhr • 5,50 € (einschließlich Villa Oplontis, Museo Boscoreale)

◎ Ercolano   ⊞ D 4
58 700 Einwohner
Der antike Ort Herculaneum, dem Herkules seinen Namen gegeben haben soll, war kleiner und weniger bedeutsam als Pompeji. Nach dem Ausbruch des Vesuv 79 n. Chr. folgte ein starker Regen, der eine Lava- und

Die Casa del Rilievo di Telefo, gegenüber der Casa dei Cervi in Ercolano (▶ S. 62), erhielt ihren Namen von einem Relief, das die Sage des Telephos darstellt.

Schlammlawine auslöste. Unter diesem später zu Tuff erhärteten Gemisch wurde die Stadt meterhoch begraben. Holzkonstruktionen und Einrichtungsgegenstände sind deshalb auf einzigartige Weise erhalten geblieben, und so sind es vor allem die Zeugnisse der Wohn- und Arbeitswelt der einfachen Leute aus der römischen Kaiserzeit, die Ercolano interessant machen.

Ein großes Problem stellt die Konservierung dar: Durch Umwelteinflüsse sind ständig Renovierungsarbeiten vonnöten, sodass Besuchern nicht immer alle Häuser mit den darin belassenen Arbeitsgeräten, Möbeln, Mosaikfußböden und Wandmalereien zugänglich sind. Eine ganze Reihe der hier gefundenen Kostbarkeiten ist auch im **Museo Archeologico Nazionale** ⭐ (▶ S. 44) in Neapel zu besichtigen.

10 km nordwestl. von Pompeji

SEHENSWERTES

Die Ausgrabungen im antiken Herculaneum (**Ercolano Scavi**) können von April–Okt. tgl. 8.30–19.30 (letzter Einlass 18 Uhr), von Nov.–März tgl. 8.30–17 (letzter Einlass 15.30 Uhr) besichtigt werden.
Eintritt 11 €, Sammelticket für alle Ausgrabungsstätten (3 Tage gültig) 20 €

Casa dei Cervi

Das »Haus der Hirsche« ist die größte und prächtigste Villa innerhalb der Ausgrabungsstätte. Sehenswert sind ihr überdachtes Atrium und die Wirtschaftsräume mit den darüber liegenden Kammern der Sklaven. Der schön bemalte Portikus verläuft als Gang mit Fenstern rund um den Garten. Im südlichen Teil der Villa liegen eine Pergola und eine freie Terrasse, von der aus man einst den Golf überblicken konnte.

Casa a Graticcio

Das Gebäude zeigt eindrucksvoll die Bedingungen, unter denen einfache Leute hier wohnen mussten. In diesem Fachwerkhaus lebten mehrere Familien. Das Mietshaus besteht aus kleinen Wohnungen im ersten Stock und einem Handwerksbetrieb mit Laden im Erdgeschoss. Interessant ist der Größenvergleich zwischen den Villen der reichen Bürger und diesen engen Mietwohnungen.

Casa del Mosaico di Nettuno e di Anfitrite

Dieses Haus gehörte einem reichen Ölhändler, dessen Laden im Erdgeschoss mit allem Zubehör erhalten ist und einen guten Einblick ins römische Leben gibt. Im reizvollen Innenhof sind die Reste von drei Liegebänken zu erkennen. Die Rückwand zeigt mit Mosaik geschmückte Nischen und in die Wand eingefügte Theatermasken. Hervorzuheben ist das Wandmosaik von Neptun und seiner Frau Amphitrite, das dem Haus seinen Namen gab.

⭐ MERIAN Tipp

VILLE VESUVIANE   📖 D 3

Während der Herrschaft der Bourbonen wurden an der Straße zwischen Portici und Torre del Greco mit der königlichen Sommerresidenz prachtvolle Villen gebaut.   ▸ S. 16

Casa del Tramezzo di Legno

Dieses vornehme Haus befindet sich gegenüber den Thermen. Die Front ist – mit Resten des hellen Außenputzes – bis zum oberen Stockwerk erhalten geblieben. Die Treppe zum Obergeschoss befindet sich außerhalb des Gebäudes und hat einen eigenen Eingang. Man betritt das Haus durch ein hohes Atrium. Seinen Namen verdankt es einer einzigartigen, im Originalzustand erhaltenen hölzernen Zwischenwand mit Flügeltür, die das Atrium von den Wohn- und Speiseräumen trennte.

Villa dei Papiri

Dieses Haus gehörte zu den Villen der wohlhabenden Römer, die sich in der Umgebung des antiken Herculaneum angesiedelt hatten. Sie wurde bereits im 18. Jh. entdeckt und erforscht und erhielt ihren Namen durch die dort gefundenen 1000 Papyrusrollen, die sich heute im **Museo Archeologico Nazionale** (▸ S. 44) in Neapel befinden.
Zurzeit geschl.

ESSEN UND TRINKEN

Pizzeria Campolieto

Familiäre Atmosphäre • Einfache, viel besuchte Pizzeria nahe der Villa Campolieto.
Corso Resina 370 • Tel. 0 81/7 39 64 98 • tgl. außer Mo 12–16 und 20–24 Uhr • €

SERVICE

AUSGRABUNGEN

Scavi archeologici

Ercolano, Piazza Museo 1 • www.pompeiisites.org • Tel. 0 81/7 32 43 33

◎ Portici   📖 D 3

Hier ließ sich Bourbonenkönig Karl Anfang des 18. Jh. eine Sommerresidenz erbauen, deren lang gestreckter Park bis ans Meerufer reichte. Sein Hof folgte ihm, und über 100 weitere herrschaftliche Sommerresidenzen entstanden in dieser unvergleichlich

Fresko in der Villa Oplontis im heutigen Torre Annunziata (▶ S. 65). Funde weisen darauf hin, dass Poppaea Sabina, die zweite Ehefrau Neros, Besitzerin der Villa war.

schönen Gegend zwischen Vesuv und Meer. Im Schloss ist heute eine Fakultät der Università degli Studi di Napoli Federico II. untergebracht.
In Portici selbst lohnt sich ein Besuch der Hauptkirche mit ihrer Doppelturmfassade. Sie stammt aus dem 17. Jh. und ist der hl. Maria della Natività geweiht. Sie befindet sich auf der Piazza San Ciro. Das Hochaltarbild (Darstellung der Geburt Marias) stammt von dem neapolitanischen Maler Luca Giordano.
18 km nordwestl. von Pompeji

MUSEEN
Museo Ferroviario Nazionale di Pietrarsa ♛♙

In diesem Eisenbahnmuseum, unweit von Portici und auf einem sehr weitläufigen Gelände direkt am Meer, sind Dampflokomotiven und Waggons der italienischen Eisenbahn ausgestellt. Bei einem Besuch sollte man nicht den schönen Bahnhof von Portici vergessen.
Corso San Giovanni a Teduccio, Pietrarsa • Tel. 0 81/47 20 03 • www.museincampania.it • Fr–So 9–16.30 Uhr • 5 €, Kinder 3,50 €

◎ Torre Annunziata   📖 E 4

Als Alternative zum weitläufigen Pompeji bietet sich das überschaubare archäologische Gebiet der **Villa Oplontis** an. Nach der Autobahnabfahrt Torre Annunziata folgt man dem Hinweisschild Scavi di Oplonti. Die Ausgrabungsstätte dieses weitläufigen Villenkomplexes steht in starkem Kontrast zum umliegenden Industriegebiet. Der Besuch der Anlage, in der wunderschöne Fresken und ein antikes Schwimmbad zu sehen sind, ist ein besonderes Erlebnis.
Via Sepolcri • Tel. 0 81/8 62 17 55 • tgl. geöffnet wie Pompeji • Eintritt 5,50 €
4 km westl. von Pompeji

◎ Torre del Greco 📖 D 4

Die kleine Stadt am Fuße des Vesuv schließt sich unmittelbar an die Ortschaft Ercolano an. Sie ist in erster Linie berühmt für die hiesige Korallenverarbeitung. Hier befindet sich eine staatliche Kunstschule, die auch heute noch Goldschmiede in der traditionellen Handwerkskunst der Kameen- und Gemmenherstellung ausbildet.
14 km nordwestl. von Pompeji

SEHENSWERTES
Villa delle Ginestre

In der im Grünen gelegenen Villa im Landhausstil lebte einst der berühmte Dichter Giacomo Leopardi (1798–1837). Als Antonio Carafa die Villa 1907 erbte, ließ er bei der Renovierung das Zimmer von Leopardi unberührt. So kann man heute noch die Originaleinrichtung besichtigen. Die Villa ist frisch renoviert und seit Kurzem der Öffentlichkeit zugänglich.

Via Villa delle Ginestre, Torre del Greco • Tel. 0 81/3 62 51 21 • www.ville vesuviane.net • tgl. außer Mo 10–13 Uhr • Eintritt 3 €

◎ Vesuv ⭐ 📖 E 3/4

Obwohl seine Hänge vor allem im unteren Teil mit üppiger Vegetation bewachsen sind, ist der Vesuv kein wirklich erloschener Vulkan. Seine Aktivität steht deshalb unter ständiger Kontrolle des Observatoriums. Dieses liegt in 600 m Höhe und registriert – als weltweit erste Vulkanbeobachtungsstation – bereits seit 1845 jede Veränderung im Innern des Berges. 1944, beim letzten heftigen Ausbruch des Vesuv, strömten Lavamassen herab. Noch heute ist der erkaltete Strom auch aus der Entfernung deutlich sichtbar: Er zieht sich als graues Band den Berghang hinab. Darüber hinaus macht der Vesuv auf den Betrachter einen besonderen Eindruck,

Blick auf den Krater des Vesuv (▶ MERIAN TopTen, S. 66). Gut 20 Min. benötigt man auf dem steil ansteigenden Fußweg durch die Lavaasche bis zum Kraterrand.

weil der heutige Vulkankegel relativ klein ist: Er wächst aus der Mitte eines Kessels hervor, der – so vermuten Geologen – nach dem gewaltigen Ausbruch von 79 n. Chr. übrig geblieben ist. Seine Reste kann man noch als Kraterwand des heutigen Monte Somma erkennen. So hat sich zwischen dem älteren Monte Somma und dem heutigen Vesuv ein tiefes Tal gebildet, durch das ein Teil des Aufstiegs zum Krater führt. In früheren Zeiten nannte man den Anfang dieses Tals »Atrio del Cavallo« (Vorplatz für die Pferde), weil die Reisenden der »grand tour« des 18. Jh. dort ihre Pferde zurücklassen mussten und entweder zu Fuß oder auf den starken Schultern einheimischer Träger das letzte, steilste Stück bewältigten. Im weiteren Verlauf heißt das Tal »Valle dell'Inferno« (Höllental), ein treffender Name, bedenkt man die Temperaturen, die über der schwarzen Asche im Sommer über 50 °C erreichen.

Trotz der Gefahr, in der Ansiedlungen hier seit jeher schweben, haben sich die Menschen niemals zurückhalten lassen, zu Füßen des Vulkans zu leben und zu arbeiten. Tatsächlich ist Vulkanboden aufgrund seiner besonderen Zusammensetzung äußerst fruchtbar, dazu kommt das milde Klima, das hier mehrere Ernten pro Jahr garantiert.

Nach dem letzten Ausbruch verschwand die charakteristische Rauchfahne über dem Vesuv. Als Zeichen seiner fortdauernden Aktivität blieben lediglich die rauchenden Fumarolen, die einen leichten Schwefelgeruch verströmen und zwischen 80 und 500 °C heiß sind.

Auf den Vesuv gelangt man am einfachsten von Ercolano oder Torre del Greco aus. Eine gut beschilderte Straße führt vorbei an Pizzerien und Restaurants und zieht sich dann in enger werdenden Kurven durch Weingärten, weiter oben dann durch Ginsterwälder und Pinienhaine, vorbei am Lavastrom von 1944 bis auf ca. 1000 m Höhe. Hier ist der Parkplatz. Nun geht es nur noch zu Fuß weiter (festes Schuhwerk!). Doch die Anstrengung lohnt sich: Vom Kraterrand hat man bei klarem Wetter und vor allem in den Morgenstunden einen atemberaubenden Blick über den gesamten Golf. Der Krater bietet sich für eine halbe Umrundung an: Von der äußersten begehbaren Stelle aus sind dann auch die Ausgrabungen von Pompeji erkennbar, die sich als lang gezogenes bräunliches Areal inmitten der modernen Städte und der grünen Felder der Ebene abheben. Die blühende ländliche Zone an den Berghängen des Vesuv bildet seit jeher den Stolz und den Reichtum der Gegend. Die hoch geschätzten Weinberge, die ertragreichen Obst- und Gemüsekulturen, der farbenprächtige üppige Reichtum der Gärten und die weiten, dicht mit Ginster und Pinien bewachsenen Flächen bilden einen faszinierenden Kontrast zur öden Sterilität des Vulkankegels.

www.guidevesuvio.it • Von der Station der Circumvesuviana in Ercolano fahren Kleinbusse (Vesuvio Express, Tel. 0 81/7 39 36 66, tgl. 9.30–16 Uhr, Fahrtdauer 30 Min. 10 €) oder Taxis • In Pompeji, gegenüber der Station der Circumvesuviana gibt es einen Busunternehmer (Busvia del Vesuvio), der tgl. von 9–15 Uhr Touren auf den Vesuv über die antike Straße Matrone anbietet (www.busviadelvesuvio.it, 22 €, Kinder bis 10 J. 7 €) • Eintritt zum Krater mit Führung 8 €

Ca. 21,5 km nordwestl. von Pompeji

Amalfi und Amalfiküste

Amalfi, Positano und Sorrento sind Orte, die die Sehnsucht nach mediterranen Küsten wecken. Das angenehme Klima und die reizvolle Natur verführen zum Dolcefarniente.

◄ Ein traumhaftes Panorama über die Amalfiküste bietet sich vom 350 m über dem Meer liegenden Ravello (► S. 74).

Neapel und Umgebung

Pompeji und Ercolano

Inseln im Golf von Neapel

Amalfi und Amalfiküste

An der Südseite der Sorrentiner Halbinsel, zwischen Positano und Vietri sul Mare, verläuft die Costiera Amalfitana, die ihren Namen von der Stadt Amalfi erhielt. Vollkommene Naturlandschaften und Exklusivität zeichnen diese Küste aus.

Amalfi   📖 F 5

ca. 6000 Einwohner

Die Stadt blickt auf eine reiche Vergangenheit zurück und erlebte um das Jahr 1000 als mächtige freie Seerepublik – neben Venedig, Pisa und Genua – ihren größten Wohlstand. Amalfi war zu seiner Blütezeit erheblich größer als heute. Erhalten blieb der majestätische Dom, der das Stadtbild prägt. Eine reizvolle architektonische Besonderheit sind die überdachten, unter den Häusern durchführenden engen Gassen der Altstadt, die sogenannten »supportici«. In den Gässchen parallel zur Hauptstraße finden sich viele unerwartet idyllische Winkel.

SEHENSWERTES

⭐5 Duomo und Chiostro del Paradiso

Der barocke Dom besteht aus zwei Kirchen: Neben der frühchristlichen Basilica del Crocifisso aus dem 6. Jh. wurde 987 die dem hl. Andreas, dem Stadtpatron, gewidmete Kathedrale errichtet. Es entstand eine einzige Kirche aus sechs Schiffen, die jedoch in der Barockzeit wieder getrennt wurden. Sehenswert ist das byzantinische Bronzetor, auf dem Szenen aus dem Leben des hl. Andreas dargestellt sind. Der Kreuzgang im arabisch-spanischen Baustil stammt aus dem 13. Jh.; hier ließen sich in früheren Zeiten die Adligen Amalfis bestatten. In der Krypta sind die Gebeine des hl. Andreas beigesetzt.
Piazza Duomo • Dom tgl. 7.30–12, 17–18.30 Uhr • Kreuzgang und Museum 9–19.45 (Sommer), 10–17 Uhr (Winter) • Eintritt 3 €, Kinder 1 €

Grotta di Smeraldo

Die Grotte mit ihrem in Grünblautönen schillernden Wasser liegt 4 km südwestlich von Amalfi. Von Amalfi kann man sie mit dem Boot vom Molo Pennello erreichen oder mit dem Bus auf der Küstenstraße.
Tgl. außer bei schlechtem Wetter 9.30–16 Uhr • Eintritt 5

⭐6 Valle dei Mulini

Seinen Namen bekam das Tal von den Mühlen, die im Mittelalter die Papiermanufakturen Amalfis betrieben. Über 600 Jahre wurde hier Papier geschöpft. Von den einst 16 Papierfabriken führen noch heute zwei das traditionelle Handwerk weiter, dessen Kunst man im Museo della Carta in Amalfi besichtigen kann.

MUSEEN

Museo della Carta

Das Museum befindet sich in einer kleinen Papierfabrik aus dem 13. Jh. und zeigt die alten Geräte, die zur Papierherstellung gebraucht wurden.
Via delle Cartiere 24 • Tel. 0 89/8 30 45 61 • www.museodellacarta.it •

tgl. 10–18.30 (Sommer), tgl. außer Mo
10–15.30 Uhr (Winter) • Eintritt 4 €

Museo della Civiltà Contadina
Kleines, bereits etwas außerhalb gelegenes privates Bauernmuseum, in dem die Familie Aceto, die seit Generationen biologischen Zitronenanbau betreibt, ihre Familiengeschichte darstellt und Arbeitsgeräte präsentiert.
Via delle Cartiere 55 • www.incampania.com • tgl. 9–13 und 15–18 Uhr

⭐ MERIAN Tipp

PASTICCERIA PANSA 📖 F 5

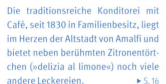

Die traditionsreiche Konditorei mit Café, seit 1830 in Familienbesitz, liegt im Herzen der Altstadt von Amalfi und bietet neben berühmten Zitronentörtchen (»delizia al limone«) noch viele andere Leckereien. ▶ S. 16

SPAZIERGANG
Von dem belebten Hafenplatz **Piazza F. Gioia** gelangen Sie nach wenigen Schritten auf die **Piazza Duomo**, das Zentrum der Stadt. Hier dominiert die imposante Freitreppe des Doms, von deren Stufen Sie gut das lebhafte Treiben auf der Piazza beobachten können. Sie biegen nun in die anfangs sehr belebte Hauptstraße **Via Lorenzo d'Amalfi**, die von dieser Piazza ausgeht. Restaurants und Geschäfte stellen hier in Hülle und Fülle ihr Angebot zur Schau. Hinter der kleinen **Piazza dello Spirito** verläuft sich der Touristenstrom merklich, und Ihr Blick fällt auf ein dunkelrotes Haus, das mit seinen Balkonen und dem Torbogendurchgang wie die Kulisse einer neapolitanischen Krippe aussieht.

Von nun an wird die Gegend immer ländlicher, und die ansteigende **Via delle Cartiere** führt allmählich in die **Valle dei Mulini** ⭐ (Mühlental), wo im Mittelalter die Papiermanufakturen ansässig waren. Das tosende Geräusch des Flüsschens Canneto, das unter der Straße braust, wird immer lauter, und nach etwa 100 m treffen Sie auf der linken Seite auf das **Museo della Carta**, das in einer uralten Papierfabrik untergebracht ist. In unmittelbarer Nähe liegt auch das **Museo della Civiltà Contadina**. Die Valle dei Mulini schließt direkt an das Naturreservat **Valle delle Ferriere** an, das ebenfalls mit schönen Wanderungen lockt.

ÜBERNACHTEN
Locanda Ripa delle Janare
Atemberaubendes Panorama • Die liebevoll eingerichteten Zimmer mit Balkon machen das kleine Hotel mit familiärer Atmosphäre zum idealen Ausgangspunkt, um die Costiera Amalfitana zu erkunden.
Via Aldo Moro 3, Furore • Tel. 0 89/83 07 81 • www.locandadellejanare.it • Mitte Jan.–Mitte Feb. geschl. • 10 Zimmer • €€

L'Antico Convitto
Im Zentrum von Amalfi • Einfache, aber erst vor Kurzem renovierte Pension mit geräumigen Zimmern.
Via dei Curiali 4 • Tel. 0 89/87 18 49 • www.lanticoconvitto.com • 16 Zimmer • €

ESSEN UND TRINKEN
La Taverna del Duca
Mediterranes Ambiente • Kleine Trattoria abseits des Touristengewimmels, in der es neben regionaler Küche auch Pizza gibt.

Das romantisch an die Felsen gebaute Hafenstädtchen Amalfi (▸ S. 69) war im hohen Mittelalter neben Genua, Pisa und Venedig eine bedeutende Seerepublik.

Piazza Spirito Santo 26 • Tel. 0 89/ 87 27 55 • www.amalfilatavernadel duca.it • Do geschl. • €€€€

A Paranza

Beste regionale Weinkarte • Das in Amalfis Nachbarort Atrani gelegene typische Fischrestaurant ist ein traditioneller Familienbetrieb. Die amalfitanische Küche verwöhnt hier mit hausgemachter Pasta, Suppen und fangfrischem Fisch. Hervorragende Weine aus Kampanien.
Via Traversa Dragone 1/2, Atrani • Tel. 0 89/87 18 40 • www.ristorante paranza.com • außerhalb der Hauptsaison Di und im Dez. geschl. • ♿ • €€

Taverna Buonvicino

In der Altstadt an einer romantischen Piazzetta gelegenes Restaurant mit Weinbar, das vorzügliche, modern interpretierte lokale Küche bietet.

Largo S. Maria Maggiore 1 • Tel. 0 89/ 8 73 63 85 • www.tavernabuonvicino. it • tgl. 12–14.30, 18.30–23 Uhr, von Dez.–April geschl. • €€

La Galea 👫

Familienfreundlich • Für eilige Gäste gibt es hier neben Pizza auch Brötchen und einfache Gerichte zum Mitnehmen. Im hinteren Bereich auch Tische zum dortigen Verzehr.
Via Lorenzo d'Amalfi 30 • Tel. 0 89/87 23 51 • www.ristorante lagalea.it • tgl. außer Mo 10–22 Uhr, Jan.–Feb. geschl. • €

EINKAUFEN
🍃 Amalfi Lemon

Hier verkauft die Familie Aceto ihre Liköre aus ökologisch angebauten Zitrusfrüchten (Museo della Civiltà Contadina, ▸ S. 70).
Via Lorenzo d'Amalfi 11 • Tel. 0 89/87 26 03 • www.amalfilemon.it

L'Arco Antico
Geschenkideen aus Papier.
Via P. Capuano 4 • Tel. 0 89/8 73
63 54 • www.cartadiamalfi.it

SERVICE
AUSKUNFT
Aasct – Touristeninformation
Corso delle Repubbliche Marinare 27 •
Tel. 0 89/87 11 07 • www.amalfitourist
office.it

PARKEN
Die Parkplätze sind in Amalfi rar.
Innerhalb der blauen Streifen kostet
es 3 € pro Stunde.

Ziele in der Umgebung
◎ **Massa Lubrense**   📖 D 5
Fährt man von Sorrento in westliche
Richtung, beginnt nach der Bucht
von Puolo bereits Massa Lubrense.
Unterhalb des Ortes an der Küste
lohnt das Fischerdorf Marina della
Lobra einen Besuch. In seiner kleinen Wallfahrtskirche Santa Maria
delle Grazie kann man einen aus
dem 16. Jh. stammenden florentini-
schen Hochaltar aus mehrfarbigem
Marmor besichtigen.
40 km westl. von Amalfi

◎ **Paestum**   📖 östl. G 5
Die imposanten griechischen Tempel von Paestum faszinierten schon
die Italienreisenden des 18. Jh. (Touren und Ausflüge, ▶ S. 104).
70 km südöstl. von Amalfi

◎ **Positano**   📖 E 5
Sieht man den Ort vom Meer her,
kommt seine einzigartige Lage besonders gut zur Geltung: Vertikal
ziehen sich die pastellfarbenen Häuser mit Gärten und flachen Kuppel-
dächern an den steilen Hängen der
Felsenbucht empor. Wegen seiner
Abgeschiedenheit und pittoresken
Lage war Positano vor allem bei
ausländischen Künstlern bereits im
19. Jh. sehr beliebt. Heute ist es ein
mondäner Badeort, der jedoch noch
nichts von seiner Faszination verloren hat. Auch wenn der Tourismus
die Haupteinnahmequelle darstellt,
achten die Bewohner darauf, dass die
naturgebundene Schönheit des Ortes unberührt bleibt.
20 km westl. von Amalfi

SEHENSWERTES
Nocelle
Der bergige Ortsteil von Positano
(450 m) ist nur zu Fuß zu erreichen.
Hier beginnt einer der bekanntesten
Wanderwege mit den schönsten
Aussichtspunkten entlang der Küste,
der »sentiero degli dei« (Weg der
Götter). Er endet in Agerola. Für die
Wanderung sind mindestens 5 Stun-
den einzuplanen.

Parrochia Santa Maria Assunta
Die Kirche hat eine mit Majolika verzierte Kuppel. Auf dem Hauptaltar
befindet sich die wunderbare byzantinische Ikone einer schwarzen Ma-
donna mit Kind. Sehenswert ist auch
die Büste des Schutzpatrons des Ortes, San Vito. Er wird am 15. Juni mit
Prozession und Volksfest gefeiert.

ÜBERNACHTEN
Albergo Casa Albertina
Pure Eleganz • Das von einer altein-
gesessenen Hoteliersfamilie geführte
Haus befindet sich etwa auf mittlerer
Höhe des Ortes. Der Blick aufs Meer
ist einmalig. Stilvoll eingerichtete
Zimmer mit eigener Terrasse.
Via Tavolozza 3 • Tel. 0 89/87 51 43 •
www.casalbertina.it • 20 Zimmer • €€€

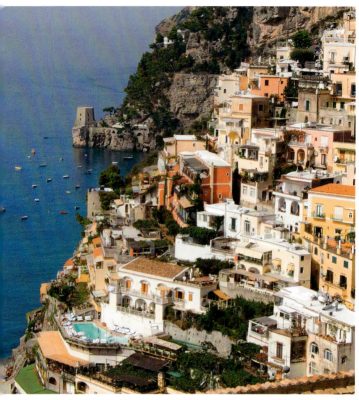

Der ehemalige Fischerort Positano (▶ S. 72), in dem sich einst gern Künstler inspirieren ließen, ist heute ein exklusives Ferienziel für Genießer.

Hotel Pupetto

Familiäres Strandhotel • Die Zimmer mit Meerblick sind mit hübschen Majolika-Fliesen ausgestattet. Fornillo • Tel. 0 89/87 50 87 • www. hotelpupetto.it • 34 Zimmer • Nov.– März geschl. • €€€

ESSEN UND TRINKEN
La Sponda

Luxuriös • Das Restaurant gehört zum Luxushotel Le Sirenuse, einem Adelspalast aus dem 19. Jh. Die feine Küche basiert auf regionalen Zutaten wie Fisch, Gemüse und Zitrusfrüchten. Ausgefallene Desserts und eine ausgezeichnete Weinkarte vervollkommnen den Genuss. Via C. Colombo 30 • Tel. 0 89/87 50 66 • www.sirenuse.it • geöffnet März–Nov. • €€€€

Il Ritrovo

Ausgezeichnetes Vorspeisenbüfett • Hier wird in einem fast dörflichen Ambiente vorzügliche Küche serviert. Beim renommierten Chefkoch kann man ganzjährig Kochkurse belegen.

Via Montepertuso 77 • Tel. 0 89/81
20 05 • www.ilritrovo.com • Winter
Mi geschl. • €€

Le Tre Sorelle
Optimale Lage am Strand • Eines
der bekanntesten Restaurants an der
Strandpiazza. Zu empfehlen sind die
frische Pasta mit Meeresfrüchten
und überbackene Muscheln. Ausge-
zeichneter Service.
Via del Brigantino 23 • Tel. 0 89/87
54 52 • www.ristorantetresorelle.it •
Nov.–Weihnachten geschl., Jan., Feb.
Di Ruhetag • €€

EINKAUFEN
An der Hauptgasse, die bis zum
Strand führt, reihen sich Boutiquen
mit ausgefallener Strandmode und
handgemachten feinen Sommer-
schuhen aneinander.

SERVICE
AUSKUNFT
**Aasct – Touristeninformation
Positano**
Via del Saraceno 4 • Tel. 0 89/87 50 67

PARKEN
Wie an der ganzen Costiera Amalfitana sind auch hier die Parkmöglichkeiten sehr begrenzt. Für das Parken
in den Garagen muss man mit mindestens 3–5 € pro Std. rechnen.

⭐ MERIAN Tipp

PUNTA CAMPANELLA   D 6
Der idyllische Wanderweg durch eine
noch unberührte Natur beginnt an der
Piazzetta des kleinen Ortes Termini
und endet an einer Felsenterrasse mit
einem fantastischen Blick auf die Insel Capri.   ▶ S. 16

◎ Ravello   F 5
Das Städtchen Ravello hat eine traum-
haft schöne Lage mit Aussicht auf die
amalfitanische Küste. Seine Gründung
geht auf das 9. Jh. zurück, als es zum
Städtebund der Amalfitanischen Republik gehörte. Zur Blütezeit im 12. Jh.
zählte Ravello mehr als 30 000 Einwohner und betrieb lebhaften Handel
mit Sizilien und dem Orient. Auf dem
höchsten Punkt der Stadt, dem Toro-
viertel, errichtete sich der Adel seine
vom maurischen Baustil inspirierten
Residenzen. Die bekanntesten südita-
lienischen Künstler arbeiteten damals
an den Kirchen und Palästen der
Stadt. Der frühere Reichtum ist heute
noch spürbar und unterstreicht den
Charme des exklusiven Luftkurortes,
von dessen Lage auch Richard Wagner begeistert war. Durch dessen Auf-
enthalte in Ravello inspiriert, werden
in der berühmten Villa Rufolo alljährlich unter freiem Himmel klassische
Konzerte veranstaltet.
6,7 km nordöstl. von Amalfi

SEHENSWERTES
Dom San Pantaleone
An der Piazza dominiert der im 11. Jh.
erbaute Dom. Berühmt ist das Bronzetor von Barisano da Trani aus dem
12. Jh., dessen Reliefplatten Szenen
aus dem Neuen Testament zeigen. Im
Innern beeindruckt die elegante, von
Marmorlöwen getragene, mit Mosaiken verzierte Kanzel aus dem 13. Jh. In
der Krypta des Doms befindet sich
ein kleines Museum.
www.chiesaravello.com • tgl. 9–12,
17.30–19 Uhr • Dommuseum tgl.
9–19, Winter 9–18 Uhr • Eintritt 3 €

Villa Cimbrone
Bei dieser Villa handelte es sich ursprünglich um einen mittelalterli-

Das Belvedere der Villa Cimbrone (▶ S. 74) war wegen seiner traumhaften Aussicht Schauplatz der Sissi-Verfilmung von 1957: Sissi – Schicksalsjahre einer Kaiserin.

chen Palast, dessen Ruinen im 20. Jh. von einem reichen Briten zu einer Burgimitation umgebaut wurden. Prachtvoll ist die Parkanlage, ein eindrucksvolles Beispiel englischer Gartenkunst. Man hat vom Belvedere, das mit römischen Herrscherbüsten geschmückt ist, einen einzigartigen Blick auf die amalfitanische Küste.
Via S. Chiara 26 • Tel. 0 89/85 74 59 • www.villacimbrone.com • tgl. Sommer 9–19.30, Winter 9–17 Uhr • Eintritt 7 €

⭐ **8 Villa Rufolo**
Die weltberühmte Villa liegt im Zentrum des Ortes und geht auf einen Adelspalast aus dem 12. Jh. zurück. Man betritt die Anlage durch einen Eingangsturm und kann auf einem Rundgang die Reste des maurischen Kreuzgangs, des Hauptturms, des Rittersaals und den Tafelsaal besichtigen. Letzterer ist mit einem Kreuzgewölbe überdacht und öffnet sich zum Garten. Dieser inspirierte Richard Wagner zu »Klingsors Zaubergarten« in seiner Oper »Parsifal«. Die Gartenanlage besticht durch üppige Vegetation und das unvergleichliche Panorama von der Terrasse über den Golf von Salerno. Im Sommer finden hier klassische Konzerte mit renommierten Künstlern statt.
Piazza Duomo • Tel. 0 89/85 76 21 • www.villarufolo.it • tgl. Sommer 9–20, Winter 9–17 Uhr • Eintritt 5 €

ÜBERNACHTEN
Hotel Marmorata
Hotel der Best-Western-Kette • Das in die Felsen gebaute Hotel liegt an der Küste, im zu Ravello gehörenden Ortsteil Marmorata. Alle Zimmer mit Meerblick. Zwei eigene Restaurants, Meerwasserschwimmbad.
Via Bizantina (SS 163) • Tel. 0 89/87 77 77 • www.marmorata.it • 37 Zimmer • Nov.–April geschl. • €€€

Hotel Rufolo
Zurückhaltend elegant • Dieses zentral gelegene Hotel, das im klassischen Stil eingerichtet ist, bietet einen wunderbaren Panoramablick. Schwimmbad (im Winter geschl.) mit Garten.
Via S. Francesco 1 • Tel. 0 89/85 71 33 • www.hotelrufolo.it • 32 Zimmer • €€€

Villa Amore
Sehr ruhig gelegen • Einfach eingerichtete Familienpension.
Via dei Fusco 5 • Tel. 0 89/85 71 35 • www.villaamore.it • 12 Zimmer • Nov.–April geschl. • €€

ESSEN UND TRINKEN
Cumpà Cosimo
Nostalgischer Charme • Die Küche dieser Trattoria bietet Pizza, hausgemachte Nudeln, gutes Fleisch und frisches Gemüse.
Via Roma 48 • Tel. 0 89/85 71 56 • im Winter Mo geschl. • €€

Café des Hotels Villa Maria
Einzigartiger Ausblick • Wer auf dem Weg zur Villa Cimbrone eine Pause einlegen will, sollte das in diesem exklusiven Hotelcafé tun.
Via Santa Chiara 2 • Tel. 0 89/85 72 55 • www.villamaria.it

SERVICE
AUSKUNFT
Aasct – Touristeninformation
Piazza Duomo 10 • Tel. 0 89/85 70 96 • www.ravellotime.it

KARTENVORBESTELLUNG
Società dei Concerti
Informationen über das aktuelle Konzertprogramm in Ravello und auch in Scala sowie Hotelangebote, Kartenvorbestellung. Frühzeitige Reservierung vorteilhaft.

Villa Rufolo, Piazza Duomo • Tel. 0 89/85 81 49 • www.ravelloarts.org • Mo–Fr 9.30–14 Uhr • Konzertsaison April–Okt.

◎ Sorrento   D 5
17 400 Einwohner
Das Gebiet von Sorrento liegt im Schutz eines Kalkgebirges auf einer flachen Tuffbank, deren Rand steil gegen das Meer abstürzt: eine ideale Gegend für die Sommerfrische. Schon Kaiser Augustus besaß eine Villa im antiken **Surrentum**, dessen Name auf die Sirenen, Gestalten aus der griechisch-römischen Mythologie, zurückzuführen ist. Sie sollen der Sage nach an der Spitze der Halbinsel, an der **Punta Campanella** (▶ MERIAN Tipp, S. 16), gelebt haben. Nach den Römern trugen reiche Engländer und Russen im 18. Jh. dem Städtchen den Ruf eines noblen Ferienortes ein und erfreuten sich an schönen Sonnenuntergängen sowie den blühenden Zitronen- und Orangenhainen.
Auch heute erinnert noch eine Reihe von traditionsreichen Hotels der gehobenen Klasse an jene glanzvolle Zeit des Reisens, und das Publikum ist immer noch international, allerdings mit Briten und Deutschen in der Überzahl.
41 km westl. von Amalfi

SEHENSWERTES
Chiostro della Chiesa San Francesco di Sorrento
Der hübsche Kreuzgang mit Spitzbogenarkaden stammt aus dem 14. Jh. Von dem ehemaligen Klostergarten hat man eine wunderschöne Aussicht auf den Golf.
Piazza F. Saverio Gargiulo • Tel. 0 81/8 78 12 69 • tgl. 9–12 und 16–20 Uhr

Sedile Dominova

In der Altstadtgasse Via San Cesareo, in der Nähe des Doms, sollte man einen Blick auf die malerische Loggia mit einer Majolika-Kuppel aus dem 15. Jh. werfen. In der offenen Vorhalle, wo sich im Mittelalter die Adligen versammelten, um über das Gemeinwohl zu beraten, spielen heute die Rentner des Arbeitervereins Karten.

MUSEEN
Museo Correale di Terranuova

Das Museum gehört mit seinem großen Orangen- und Zitronenhain zu den schönsten der Region. In 26 Sälen kann man die vor allem kunstgewerbliche Sammlung der Familie Correale bewundern: Porzellan aus aller Welt, Möbel, Waffen, Bilder und Majoliken. Außerdem sind eine Totenmaske des in Sorrento geborenen Dichters Torquato Tasso sowie seltene Ausgaben seiner Werke ausgestellt.
Via Correale 50 • www.museocor reale.it • tgl. außer Mo 9.30–18.30, So 9.30–13.30 Uhr • Eintritt 8 €

ÜBERNACHTEN
Bellevue Hotel Syrene

Das Nonplusultra • Direkt an der Steilküste auf den Ruinen einer römischen Villa steht das 1820 eröffnete villenartige Hotel. Geschmackvolle Einrichtung und dezenter, professioneller Service. Einige Zimmer sind mit Fresken aus dem 18. Jh. geschmückt.
Via della Vittoria 5 • Tel. 0 81/8 78 10 24 • www.bellevue.it • 73 Zimmer • ganzjährig geöffnet • ♿ • €€€

Hotel Sorrento City

Familienfreundlich • Kleines Hotel in sehr zentraler Lage. Die Zimmer sind frisch renoviert.

Corso Italia 221 • Tel. 0 81/8 77 22 10 • www.sorrentocity.com • 12 Zimmer • €€

ESSEN UND TRINKEN
🌿 Don Alfonso 1890

Regionale Spitzenküche • Dieser gastronomische Luxustempel steht für die Slow-Food-Kultur par excellence. Hier werden nur regionale und ökologisch einwandfreie Spitzenprodukte in der Küche verwendet. Um den hohen Qualitätsansprüchen zu genügen, kaufte Küchenchef Don Alfonso 1990 die Azienda Agricola Le Peracciole. Hier, an den sonnigen Hängen der Punta Campanella, werden für das Restaurant Obst und Gemüse angebaut, wachsen Oliven- und Zitronenbäume unter natürlichsten Bedingungen. Die Räumlichkeiten sind stilvoll, das Essen vom Feinsten.
Sant'Agata sui due Golfi (Massa Lubrense), Corso Sant'Agata 11/13 • Tel. 0 81/8 78 00 26 • www.don alfonso.com • tgl. außer Nov.–März • €€€€

L'Antica Trattoria

Stilvoll • Das Restaurant mit romantischem Laubengang gehört mit seiner traditionsreichen Küche zu den besten des Ortes.
Via Padre R. Giuliani 33 • Tel. 0 81/8 07 10 82 • www.lanticatrattoria.com • im Winter Mo geschl. • €€

Caruso

Für Opernfans • Elegantes Lokal, im historischen Zentrum gelegen. Ausgesuchtes Weinangebot. Zu empfehlen sind die »gnocchi alla sorrentina«.
Via S. Antonio 12 • Tel. 0 81/8 07 3156 • www.ristorantemuseocaruso.com • €€

Davide Il Gelato
Eisdiele im Zentrum • Mehr als 200
Sorten Eis verwöhnen den Gaumen.
Via P. R. Giuliani 41 • Tel. 0 81/8 77
13 37 • www.davideilgelato.it • tgl.
außer Mo 9.30–24 Uhr

SERVICE
AUSKUNFT
AAS – Touristeninformation
Via Luigi de Maio 35 (im Gebäude
des Foreigners' Club) • Tel. 0 81/8 07
40 33 • www.sorrentotourism.com

◎ **Vico Equense**   📖 E 5
20 800 Einwohner
Das kleine Städtchen liegt reizvoll auf
einem Tuffsteinplateau hoch über
dem Meer am Fuße des Monte Faito.
Die Temperaturen sind auch im Sommer angenehm, einige Hotels besitzen eigene Thermalanlagen. In den
Sommermonaten wird für das kleine
Schwefelbad Lo Scrajo, dem ein Hotel

mit Wellnessbereich angeschlossen ist,
eine weitere Haltestelle der Regionalbahn Circumvesuviana geöffnet. Zudem ist der Ort für seine renommierten Feinschmeckerlokale bekannt.
35 km nordwestl. von Amalfi

SEHENSWERTES
Chiesa dell'Annunziata
Die Kirche wurde von Karl II. gegründet. Die Struktur des gotischen
Originalbaus ist bis heute an Seitenfenstern und Gewölbebögen zu erkennen. Die Eingangsfassade wurde
im Barock erneuert. Sie gehört zu den
beliebtesten Hochzeitskirchen der
Region und war bis 1818 Kathedrale.
Via Vescovado • So und feiertags
9.30–12, Mi und Sa 17–19 Uhr

ÜBERNACHTEN
Hotel Aequa
Zentral, in Panoramalage • Von hier
aus sind alle Sehenswürdigkeiten der

Ein stimmungsvolles und traditionsreiches Plätzchen (nicht nur) für Sorrentos
Rentner ist die Sedile Dominova (▶ S. 77), eine Loggia aus dem 15. Jh.

sorrentinischen Halbinsel mit dem Auto gut zu erreichen. Zu dem Hotel gehört auch ein Restaurant.
Via Filangeri 46/48 • Tel. 0 81/8 01 53 31 • www.aequahotel.net • 68 Zimmer • €€

Hotel Scrajo Terme Wellness & Spa
Mit Strandbad • Zum Hotel gehört neben dem von einem Chefkoch geführten Restaurant auch ein sehr gepflegtes Strandbad mit einer Schwefelwasserquelle, die direkt ins Meer fließt. Die Zimmer sind im sommerlichen Mittelmeerstil eingerichtet und haben alle Blick aufs Meer, einige mit Terrasse.
Via Luigi Serio 10 (SS 145) • Tel. 0 81/ 8 01 57 31 • www.scrajoterme.it • 6 Zimmer • €€

ESSEN UND TRINKEN
Gelateria Gabriele
Delikates Essen • In dieser Eisdiele und Konditorei, die zugleich Delikatessengeschäft ist, gibt es von Eis über die halbgefrorene Süßspeise »babà al limoncello« bis zu typischem Käse und Wurstsorten einfach alle Spezialitäten der sorrentinischen Halbinsel. Eine wahre Gaumenfreude ist die besonders feine »delizia al limone«, die nur noch von den Eiskreationen überboten werden kann.
Corso Umberto I 8 • Tel. 0 81/8 01 87 44 • www.gabrieleitalia.com • tgl. außer Di. 9–14, 16–24 Uhr, Jan. geschl. • €

Gigino L'università della Pizza
Pizza nach Maß • Hier wurde vom Meisterpizzabäcker Gigino die Pizza vom Meter erfunden, die sich seitdem größter Beliebtheit erfreut. Das Lokal mit Garten ist sehr einfach gehalten, aber die Qualität der Pizza und die auch bei vollem Lokal im-

mer freundliche Bedienung lassen darüber leicht hinwegsehen.
Via Nocera 15 • Tel. 0 81/8 01 64 47 • www.pizzametro.it • tgl. 12–24 Uhr • €

FotoTipp

Vico Equense
In Vico Equense lässt sich im Stadtpark Villetta SS. Trinità e Paradiso die malerische Chiesa dell'Annunziata mit Golf von Neapel und Vesuv im Hintergrund fotografieren. Auch der Strand von Seiano mit Turm aus dem 7. Jh. v.Chr. ist ein schönes Motiv. ▶ S. 78

Ristorante Cerasé
Schöne Fernsicht • Von der Terrasse diese Restaurants blickt man direkt aufs Meer, die malerische Steilküste, und im Hintergrund thront der Vesuv. Neben der lokalen Küche mit guten Fischgerichten gibt es hier auch eine leichte Pizza, aus natürlichem Sauerteig gebacken, und eine umfangreiche Weinkarte.
Via Filangeri 4 • Tel. 0 81/8 01 60 73 • www.ristorantecerase.it • tgl. 12–24 Uhr, Winter Mo geschl. • €

SERVICE
AUSKUNFT
Aasct – Touristeninformation
Via Filangeri 100 • Tel. 0 81/8 01 57 52 • www.vicoturismo.it

◎ Vietri sul Mare   ▮▮ G 5
Das Städtchen am östlichen Ende der amalfitanischen Küste ist für seine Keramik bekannt. Die Töpfertradition geht auf griechisch-römische Ursprünge zurück und wurde bis heute fortgesetzt: Die Majolika-Kacheln aus Vietri schmücken Brunnen, Häuserwände und Innenräume

entlang der ganzen Küste. Auf der Piazza des oberen Ortsteils reihen sich farbenfroh die Geschäfte aneinander. Der unten am Meer gelegene Ortsteil hat einen breiten, dunklen Sandstrand und gute Parkmöglichkeiten. Von hier aus lassen sich im Sommer per Boot (ca. 6 € pro Person) kleine Badebuchten erreichen.
20 km nordöstl. von Amalfi

SEHENSWERTES
Chiesa di San Giovanni Battista
Malerisch an einer Piazzetta im oberen Ortsteil gelegen, mit Majolika-Kuppel und einem Glockenturm aus dem 17. Jh.
Via San Giovanni

MUSEEN
Museo della Ceramica
Das Museum im Ortsteil Raito, 3 km vom Zentrum entfernt, stellt Stücke vom 17. Jh. bis heute aus. Es wird auch Keramik der deutschen Künstlerkolonie gezeigt, die sich hier Anfang des 20. Jh. niedergelassen hatte.
Via Nuova Raito, Villa Guariglia, Raito • Tel. 0 89/21 18 35 • tgl. außer Mo 8.30–15.30, So 8.30–13 Uhr • Eintritt frei

ÜBERNACHTEN
Agriturismo Barone Antonio Negri   östl. G 4
Urlaub auf dem Bauernhof • Der mit dem italienischen Umweltgütesiegel ICEA mehrfach ausgezeichnete Agriturismo ist ein traditionsreicher Familienbetrieb. Er wird von der herzlichen Monica Negri, Tochter einer alten Adelsfamilie aus Gaiano, geführt. Sie hat sich seit Langem dem ökologischen Gedanken verschrieben und verzichtet bewusst auf Klimaanlagen. Ebenso finden in ihrer Küche auch nur erstklassige Pro-

dukte aus eigenem Anbau oder eigener Tierzucht Verwendung. Die zum Besitz gehörenden Haselnussbäume haben ein Bio-Gütesiegel und liefern die Grundlage von Kuchen und Nussgebäck, die in einer extra eingerichteten Backstube hergestellt werden. Auf dem Landsitz selbst lässt es sich am Pool faulenzen oder im Dampfbad schwitzen. Er eignet sich aber auch als Ausgangsort für Kultur- und Sightseeingtouren: Die Costiera Amalfitana, Paestum oder Pompeji liegen nur jeweils ca. 30 Autominuten entfernt. Im Angebot sind auch Ausflüge mit dem Boot oder zu Pferd.
Azienda Agricola Barone Antonio Negri, Gaiano di Fisciano, Via Teggiano • Tel. 0 89/95 85 61 • www.agri negri.it • 6 Zimmer, 1 Suite • & • €€

Hotel Vietri
Strandnah • Ein Familienbetrieb, alle Zimmer haben Meerblick.
Via O. Costabile 31 • Tel. 0 89/21 04 00 • www.hotelvietri.com • 20 Zimmer • €€

ESSEN UND TRINKEN
Ristorante 34 da Lucia
Frischer Fisch • In diesem kleinen, von der Familie geführten Fischlokal an einer kleinen Piazza herrscht Lucia Boriello in der Küche. Besonders zu empfehlen sind die Pastagerichte in allen Variationen.
Via Scialli 48 • Tel. 0 89/76 18 22 • www.ristorante34dalucia.it • tgl. 12–24 Uhr • €

SERVICE
AUSKUNFT
Centro Turistico ACLI – Pro Loco
Piazza Matteotti • Tel. 0 89/21 12 85 • www.comune.vietri-sul-mare.sa.it

IHRE MEINUNG
IST UNS WICHTIG!

Wir möchten mit unseren Reiseführern für
Sie und Ihre Reise noch besser werden. Nehmen Sie
sich deshalb bitte kurz Zeit, uns einige Fragen zu
beantworten. Als Dankeschön für Ihre Mühe verlosen wir
traumhafte Preise unter allen Teilnehmern.

1. PREIS
Eine zweiwöchige
Fernreise für zwei
Personen

2. PREIS
Wochenend-Trip
in eine europäische
Hauptstadt

3. PREIS
je einen von
100 Reiseführern
Ihrer Wahl

Mitmachen auf
www.reisefuehrer-studie.de

**Oder QR-Code mit
Tablet/Smartphone
scannen**

MERIAN
Die Lust am Reisen

Inseln im Golf von Neapel

Das mondäne Capri mit seinen bizarren Felsen, das grüne Ischia mit seinen Thermen, das stille Procida mit langer See-fahrertradition – unterschiedlicher könnten sie nicht sein.

Capri – Anacapri   **83**

◄ Gesellschaftlicher Mittelpunkt Capris (► S. 86) ist die schöne Piazza Umberto I, besser als »Piazzetta« bekannt.

Die drei Inseln im Golf von Neapel entwickelten im Lauf der Zeit einen ganz eigenen Charakter. Capri glänzt mit luxuriösen Hotels und Geschäften, aber auch mit reizvollen Naturlandschaften. Die anderen beiden Inseln sind vulkanischen Ursprungs. Auf Ischia ist durch zahlreiche Thermen immer Saison, während an der malerischen Insel Procida der Touristenstrom fast unbemerkt vorbeizieht.

Capri (Insel)   C/D 6

14 000 Einwohner
Karte ► S. 85

Schon der römische **Kaiser Tiberius** zog sich aufgrund des angenehmen Klimas – milde Temperaturen im Winter und frische Seebrisen im Sommer – für mehr als zehn Jahre nach Capri zurück. Im 19. Jh. wurde die Insel zunächst als Winterreiseziel von ausländischen Künstlern und Intellektuellen wiederentdeckt.

Heute ist Capri im Winter sehr ruhig und leidet vor allem im Sommer unter dem Andrang der Tagesausflügler. Erst am Spätnachmittag sind dann die Urlauber, die länger auf Capri verweilen wollen, und die Einheimischen wieder weitgehend unter sich. Die Insel Capri teilt sich in die zwei Gemeinden Capri und Anacapri, die jede für sich einen ganz eigenen Charakter zeigen.

Ziele auf Capri

◎ **Anacapri**   ► S. 85, b 2/c 1

Ein Bus bringt Fahrgäste von Capri oder vom Hafen Marina Grande in das am Fuß des Monte Solaro (589 m) gelegene Anacapri, wo es beschaulich

Neapel und Umgebung
Pompeji und Ercolano
Inseln im Golf von Neapel
Amalfi und Amalfiküste

zugeht. Die Fahrt führt auf einer abenteuerlichen Serpentinenstraße, die atemberaubende Ausblicke eröffnet, auf 275 m Höhe in die neben dem Hauptort zweite Gemeinde der Insel. Findet man in Capri überwiegend Luxusherbergen, so bietet Anacapri mehr Hotels in mittlerer Preislage.

Die Gemeinde liegt auf der westlichen Höhe der Insel. Der Hauptplatz **Piazza Vittoria** ist auch gleichzeitig die zentrale Haltestelle für Busse und Taxen. Hauptattraktion ist die idyllisch gelegene **Villa San Michele** mit ihrem wundervollen Garten und der herrlichen Aussicht auf Capri und Marina Grande. Hält man sich an der Piazza rechts, erreicht man über die lebhafte Via Giuseppe Orlandi die Altstadt Anacapris. Hinter der schönen Kirche Santa Sofia beginnen die malerischen Gassen des restaurierten Viertels **Le Boffe**.

SEHENSWERTES

Chiesa di San Michele   ► S. 85, c 1

Die kleine Barockkirche besitzt einen schönen Majolika-Fußboden aus dem 18. Jh. mit einer fantasievollen Darstellung der Vertreibung Adams und Evas aus dem Paradies, geschaffen vom Künstler Leonardo Chiaiese.
Piazza San Nicola • April–Sept. tgl. 9–19, Okt.–März 10–15 Uhr • Eintritt 2 €

Chiesa di Santa Sofia   ► S. 85, b/c 1

Die Gründung dieser Kirche – die heute mit einer spätbarocken Fassade versehen ist – geht auf das Jahr

1510 zurück. Eine Reliquie des hl. Antonio, des Stadtpatrons von Anacapri, wird hier aufbewahrt. Auf dem weiträumigen Vorplatz sind die Mauerbänke mit hübschen Majolika-Kacheln geschmückt.

Piazza Amedeo Diaz • tgl. 7.30–19 Uhr

MERIAN Tipp

BADEABENTEUER AUF CAPRI ▸ S. 85, d 1

Viele der reizvollen Buchten sind nur vom Meer aus zu erreichen. Im Hafen Marina Grande kann man Boote mit Sonnensegel stundenweise oder für einen ganzen Tag mieten und auf Entdeckungsreise gehen. ▸ S. 17

⭐ Grotta Azzurra (Blaue Grotte) 👫👫 ▸ S. 85, b 1

Zwei Wege führen zur Blauen Grotte: Vom Hafen Marina Grande fahren größere, offene Motorboote – im Sommer mit Sonnensegeln – entlang der nördlichen Inselküste (Preis: 17 €). Vor der Grotte helfen die sogenannten Caprifischen den Besuchern, in kleinere Ruderboote umzusteigen, um so durch die schmale Felsöffnung zu gelangen. In der Grotte schmettern sie dann – gegen ein Trinkgeld, versteht sich – ein gefühlvolles neapolitanisches Lied. Das ganze Unterfangen ist eine reine Touristenveranstaltung, die man mit Humor absolvieren sollte. Der zweite, längere Weg führt mit dem Bus vom Hafen nach Anacapri, wo man in den Anschlussbus zur Grotte umsteigt. Geht man dort die schmale Steintreppe hinunter, sollte man an der Bar direkt über dem Grotteneingang halten. Sie ist ein wunderbarer Beobachtungsposten für das bunte Treiben vor dem Ein-

gang. Wer die Grotte für sich allein erleben möchte, muss warten, bis die letzten Fischer abgezogen sind. Dann kann man hinüberschwimmen und hat das letzte schimmernde Blau ganz für sich allein.

Tel. 0 81/8 37 56 46 • www.capri tourism.com • tgl. 9–17 Uhr • Eintritt zur Grotte 13 € inkl. Ruderboot

MUSEEN

Villa San Michele ▸ S. 85, c 1

Die ehemalige Villa des schwedischen Arztes und Schriftstellers Axel Munthe (1857–1949) gehört heute dem schwedischen Staat und ist als Museum eingerichtet. Sie besitzt einen Garten mit vielen Pflanzen und Kopien römischer Büsten, die Munthe von seinen Reisen mitbrachte. Das Panorama ist unvergesslich.

Via Capodimonte 34 • Herbst und Winter tgl. 9–15.30, Frühjahr 9.30–17, Sommer tgl. 9–18 Uhr • Eintritt 7 €

ÜBERNACHTEN

Caesar Augustus ▸ S. 85, c 1

Atemberaubende Aussicht • Das am Ortseingang gelegene Hotel hat eine der schönsten Panoramaterrassen der Insel. Zimmer mit Meerblick reservieren!

Via G. Orlandi 4 • Tel. 0 81/8 37 33 95 • www.caesar-augustus.com • 56 Zimmer • geöffnet von Ostern bis Okt. • €€€

Da Gelsomina ▸ S. 85, b 2

Mitten im Grünen • Etwas abgelegene Familienpension mit Restaurant. Alle Zimmer mit Terrasse und Blick auf den unvergleichlich schönen Sonnenuntergang.

Via Migliara 72 • Tel. 0 81/8 37 14 99 • www.dagelsomina.com • Di und Jan., Feb. geschl. • 5 Zimmer • €€

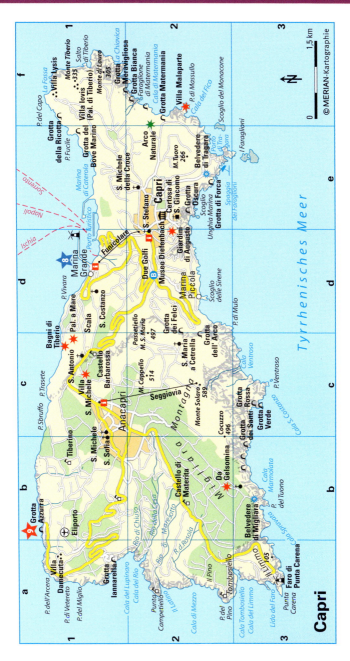

Capri

Blick von Marina Piccola auf die Faraglioni-Felsen (▶ S. 87). Von hier kann man über den Serpentinenweg Via Krupp 100 Höhenmeter zu den Giardini di Augusto aufsteigen.

ESSEN UND TRINKEN

Rondinella   ▶ S. 85, c 1
Rustikal • Das Lokal blickt auf eine lange Familientradition zurück. Im Sommer werden Pizza und regionale Gerichte auf der mit Blumen geschmückten Terrasse serviert. Herzlicher Service.
Via G. Orlandi 295 • Tel. 0 81/8 37 12 23 • Do und Jan., Feb. geschl. • €€

SERVICE
AUSKUNFT
Aasct – Touristeninformation
                                  ▶ S. 85, c 1
Anacapri, Via G. Orlandi 59 • Tel. 0 81/ 8 37 15 24 • www.capritourism.com

◉ **Belvedere Migliara**   ▶ S. 85, b 3
Von der Ortsmitte Anacapris, der Piazza Vittoria, geht man links an der Seilbahnstation vorbei. Hier beginnt ein schöner Spazierweg durch Obst- und Gemüsegärten bis zum Aussichtspunkt Migliara. Der kleine Platz liegt oberhalb des Felsvorsprungs Punta Carena, des Leuchtturms. Links fällt der Blick auf die vorgelagerten Faraglioni-Felsen, das Wahrzeichen der Insel.

◉ **Capri (Stadt)**   ▶ S. 85, e 2
Die Besucher der Insel gehen in **Marina Grande** an Land. Taxen, Busse und Elektrofahrzeuge machen das Auto überflüssig. Eine Standseilbahn, die Funicolare, führt direkt vom Hafen in den mondänen Hauptort Capri, der malerisch zwischen den Bergen **Monte Tiberio** und **Monte Solaro** liegt. Von der Panoramaterrasse aus gelangt man direkt zur legendäre **Piazza Umberto I** – kurz »Piazzetta« genannt –, ein exklusives Kaffeehaus unter freiem Himmel und gesellschaftlicher Mittelpunkt der Insel. Hier weisen hübsche Keramikkacheln auf die Ziele verschiedener

Spaziergänge hin. Auf der Hauptstraße **Via Vittorio Emanuele** reihen sich die Luxusboutiquen und Juweliergeschäfte aneinander.

SEHENSWERTES

Arco Naturale   ▶ S. 85, e/f 2

Von der Piazzetta in Capri-Stadt aus folgt man den Hinweisen auf den hübsch bemalten Kacheln an den Straßenecken und verlässt das Zentrum in östlicher Richtung. Man gelangt nach wenigen Metern auf die Via Matermania und befindet sich in einem der landschaftlich schönsten Teile der Insel. Man erreicht nach einer guten Stunde das Ziel. Der von Wind und Wetter natürlich geformte Felsbogen oberhalb der Grotta Matermania – die einst eine Kultstätte der Römer war – erinnert an das Profil eines Elefantenkopfes. Auch diese markante Formation besteht wie die ganze Insel aus Dolomit-Kalkfelsen.

Certosa di San Giacomo   ▶ S. 85, e 2

Dieser wunderschöne spätmittelalterliche Klosterkomplex beherbergt heute das Museum der Kartause, die Gemeindebibliothek und ein Gymnasium. Architektonische Elemente offenbar arabischer Herkunft lassen sich deutlich im älteren Teil des Klosters, dem kleinen Kreuzgang und der Kirche erkennen.

Tgl. außer Mo 9–14 Uhr • Eintritt frei

Chiesa di Santo Stefano   ▶ S. 85, d 2

Auf der rechten Seite der Piazzetta führt eine Treppe hinauf zur Pfarrkirche Capris, einem Barockbau aus dem 17. Jh. Besonders sehenswert ist hier das wahrscheinlich aus der Villa Jovis stammende kostbare Fußbodenmosaik vor dem Hauptaltar.

Piazza Umberto I • tgl. 8.30–19 Uhr

Chiesa San Michele della Croce   ▶ S. 85, e 2

Auf einem Spaziergang zur Villa Jovis liegt inmitten eines idyllischen Gartens die kleine Kirche aus dem 14. Jh. Sie wurde ursprünglich als Klosterkomplex errichtet und im 19. Jh. dem Erzengel Michael geweiht. Ein tiefer Bogen mit einem offenen Glockenturm lässt den kleinen Eingang wie ein Tor zum Paradies erscheinen.

Via Croce • So u. Feiertag 8.15–12 Uhr

Faraglioni-Felsen   ▶ S. 85, e 3

Die berühmten drei Faraglioni-Felsen ragen vor der Südküste steil aus dem Wasser. Am eindrucksvollsten sind sie bei einer Bootsrundfahrt zu erleben, die durch den mittleren Felsen hindurchführt. Mit einer durchschnittlichen Höhe von etwa 90 m sind die Felsen auch von Marina Piccola aus noch gut zu sehen.

Giardini di Augusto   ▶ S. 85, d/e 2

Folgt man von der Piazzetta aus den Keramikschildern, gelangt man nach etwa 15 Min. zu den prächtigen Augustusgärten oberhalb der Certosa di San Giacomo. Dieser blühende Garten wurde ursprünglich von Alfred Krupp angelegt. Von hier hat man links einen schönen Blick auf die im Osten gelegenen majestätischen Faraglioni-Felsen, rechts schaut man auf den imposanten, in den Felsen gehauenen Serpentinenweg Via Krupp sowie auf eine kleine Felsenbucht.

Tgl. 9–19.30 Uhr • Eintritt 1 €

MUSEEN

Museo della Chiesa di S. Stefano   ▶ S. 85, d 2

Kleines Museum mit sakralen Gegenständen und den Reliquien des

Inselheiligen San Costanzo, der seit dem 9. Jh. hier verehrt wird.
Piazza Umberto I • Apr.–Okt. tgl. 9–19, Nov.–März 9–14 Uhr • Eintritt frei

Museo Diefenbach ▶ S. 85, e 2

Hier sind neben den monumentalen Bildern des spätromantischen deutschen Malers Karl Wilhelm Diefenbach (1851–1915) auch Werke des neapolitanischen Landschaftsmalers Giacinto Gigante (1806–1876) ausgestellt.
Via Certosa 2 • tgl. außer Mo 9–14 Uhr • Eintritt 4 €

Villa Jovis ▶ S. 85, f 1

Von der Piazzetta in Capri aus führt ein gut beschilderter, ansteigender Weg, vorbei an herrlichen Gärten und Sommervillen, zur ehemaligen Kaiservilla, einer der sagenumwobenen Villen des römischen Kaisers Tiberius auf Capri. Die Ausgrabungsstätte erstreckt sich in 296 m Höhe auf dem Monte Tiberio. Bisher wurden stattliche 7000 qm freigelegt: kaiserliche Gemächer, Thermen, Räume für Bedienstete und Regenwasserzisternen. Den mehrstöckigen Palast aus dem 1. Jh. n. Chr. umgaben in der Antike vermutlich dichte Wälder und Parkanlagen mit Nymphäen.

Von der Pracht der Hauptresidenz des Kaisers ist kaum mehr etwas zu erkennen, aber die unvergleichlich schöne Lage auf der Ostspitze der Insel am Rande der tief abfallenden Steilküste hat von ihrem Zauber nichts verloren. Von der Aussichtsterrasse hat man einen wunderbaren Blick auf den gegenüberliegenden Golf von Neapel und den Vesuv. Der Fußweg ab Piazzetta dauert ca. eine Stunde.
Via Amaiuri • Tel. 0 81/8 37 45 49 • www.capritourism.com •

tgl. 9–13 Uhr (1.–15. des Monats Di geschl., 16.–30. des Monats So geschl.), 1. März bis 30. Nov. geöffnet • Eintritt 2 €

Villa Lysis ▶ S. 85, f1

Die imposante Jugendstilvilla, ganz in der Nähe der Ruinen der Villa Jovis, ist auch unter dem Namen ihres Erbauers als Villa Fersen bekannt. Der französische Dichter und Dandy Baron Fersen ließ sie 1905 erbauen und verbrachte hier seine letzten Lebensjahre. Die Goldverzierungen im Salon der Villa erinnern an Gustav Klimt. Die Villa mit ihrem großen Garten ist heute im Besitz der Gemeinde Capri und kann besichtigt werden.
Via Lo Capo • Tel. 0 81/8 38 6111 • tgl. außer Mo 10–18 Uhr • Nov. bis März geschl. • Eintritt frei

Villa Malaparte ▶ S. 85, f 2

Die dunkelrote Villa des exzentrischen italienischen Schriftstellers und Bauherrn Curzio Malaparte (1898–1957) liegt am Kap Massullo, auf halbem Weg zwischen dem Arco Naturale und den Faraglioni-Felsen. Die Bauarbeiten wurden 1938 begonnen. Malaparte wollte sich mit dieser modernen, in ihrer Form an einen Schiffsrumpf erinnernden Villa ein Denkmal setzen. Das Dach des Hauses besteht aus einer einzigen Terrasse. Auffällig ist die hier hinaufführende Freitreppe, die sich nach unten verjüngt und die Funktion eines theatralischen Aufgangs übernimmt. Die Villa diente in verschiedenen Filmen als Kulisse. Sie ist heute im Besitz einer privaten Stiftung und nicht zugänglich. Doch man kann sie bei einer Rundfahrt vom Boot aus bewundern.

Begegnung am Berg: Auf dem 589 m hohen Monte Solaro (▶ S. 91) befindet sich die Statue von Kaiser Tiberius, der einst Capri zu seinem Regierungssitz erwählte.

ÜBERNACHTEN

Grand Hotel Quisisana ▶ S. 85, e 2
Traditionsreiches Luxushotel • In der Nähe der Piazzetta beherbergte dieses Hotel schon illustre Gäste wie Oscar Wilde und Ernest Hemingway. 200 Angestellte sorgen für das Wohl der Gäste. Elegante Aufenthaltsräume, wundervolle Terrassen und zwei Schwimmbäder. Großer Wellnessbereich mit Sauna und Türkischem Bad. Via Camerelle 2 • Tel. 0 81/8 37 07 88 • www.quisisana.com • 143 Zimmer • März–Nov. geöffnet • €€€€

Albergo Villa Sarah ▶ S. 85, e 2
Mitten im Grünen • Das kleine gepflegte Hotel wird von einer alteingesessenen Hoteliersfamilie geführt, die perfekten Service verspricht. Die Zimmer, einige mit Balkon, gehen alle auf den Garten hinaus und sind gewollt im blau-weißen Retrostil der späten 1960er-Jahre gehalten. Das Frühstück ist reichhaltig und kann direkt am Swimmingpool serviert werden. Via Tiberio 3/A • Tel. 0 81/8 37 78 17 • www.villasarahcapri.com • Nov.– April geschl. • 19 Zimmer • €€

Hotel La Minerva   ▶ S. 85, e 2
Mediterraner Inselstil • Seit drei Generationen ist das geschmackvoll blau-weiß eingerichtete Hotel auf der Sonnenseite von Capri in Familienbesitz. Fast alle Zimmer haben Meerblick, eine prachtvolle Aussicht genießt man außerdem von der Dachterrasse des Hauses, wo sich das hoteleigene Restaurant befindet. Via Occhio Marino 8 • Tel. 0 81/8 37 70 67 • www.laminervacapri.com • 18 Zimmer • März–Nov. geöffnet • €€

ESSEN UND TRINKEN

Bagni Tiberio   ▶ S. 85, c 1
Genießen direkt am Meer • Einen besseren Platz für ein Fischlokal kann man sich kaum denken: auf Pfählen, neben den Ruinen des Palazzo a Mare. Ausgefallenes Ambiente und sehr gute Küche. Zu empfehlen sind die Spaghetti mit Hummer. Via Palazzo a Mare 41 • Tel. 0 81/8 37 76 88 • www.bagnitiberio.com • Mai–Sept. 12–16 Uhr • €€€

Da Gemma   ▶ S. 85, e 2
Traditionelle Inselküche • Im Sommer kann man beim Essen auf der Terrasse den Blick auf den Hafen genießen. Als Vorspeise sind frittierte Köstlichkeiten »fritto alla Gemma« (»crocché«, »arancini«, »fiori di zucchini«) zu empfehlen. Zur lokalen Küche gehört hier auch die Pizza. Via Madre Serafina 6 • Tel. 0 81/8 37 04 61 • www.dagemma.it • tgl. außer Mo 12–16 und 20–24 Uhr, Jan., Feb. geschl. • €€

Le Grottelle   ▶ S. 85, e 2
Rustikales Sommerlokal • Kurz vor dem Arco Naturale liegt an den Treppen, die rechts zur Grotta Matermania führen, dieses kleine Lokal mit überdachter Terrasse, von der man einen herrlichen Panoramablick auf die Bucht hat. In dem eher ländlich eingerichteten Restaurant kann man eine Kleinigkeit zu sich nehmen oder à la carte speisen. Köstlich ist das typische Inselgericht »ravioli alla caprese« (Nudeln mit einer Füllung aus Käse, Ei und Majoran). Via Arco Naturale 3 • Tel. 0 81/8 37 57 19 • April–Okt. tgl. außer Do • €€

AM ABEND
Das Angebot an Nachtlokalen, Diskotheken und Restaurants ist auf der Insel breit gefächert und v. a. im Sommer groß. Besonders stimmungsvoll ist die Silvesternacht auf der bis in die Morgenstunden belebten Piazzetta.

Taverna Anema e Core   ▶ S. 85, d 2
In dieser letzten echten Taverne Capris mitten in der Altstadt unterhält fast allabendlich das berühmte Gitarrenduo Bruno e Gianni Lembo die Gäste mit traditionellen neapolitanischen Klängen. Die Atmosphäre kann auch kühle Nordländer zum Singen und Tanzen verführen. Das Vergnügen hat jedoch seinen Preis. Via Sella Orta 1 • Tel. 081/8 37 64 61 • www.anemaecorecapri.it • tgl. 12–24 Uhr (Sommer auch länger geöffnet)

SERVICE
AUSKUNFT
A.P.T. – Touristeninformation
▶ S. 85, d 1
Marina Grande, Porto Commerciale • Tel. 0 81/8 37 06 34 • www.capritourism.com

Aasct – Touristeninformation
▶ S. 85, d 2
Capri, Piazza Umberto I • Tel. 0 81/8 37 06 86

◉ Monte Solaro 👫👫 ▶ S. 85, c 2

Von dem Hauptplatz Piazza Vittoria in Anacapri fährt an der Seilbahnstation ein Sessellift in 12 Min. auf den Monte Solaro, den höchsten Berg der Insel (589 m). Von hier hat man bei klarer Sicht einen wunderbaren Ausblick auf den ganzen Golf von Neapel mit Ischia, Procida und der Amalfiküste. Auf dem Gipfel befinden sich ein Restaurant und eine Bar. Wer den schönen Abstieg durch Gärten, Weinberge und Walnussbäume lieber zu Fuß machen möchte, sollte auf jeden Fall festes Schuhwerk tragen und in etwa 1 Std. Zeit für den Weg einrechnen.

Seggiovia del Monte Solaro • Tel. 0 81/8 37 14 28 • tgl. 9.30–17 Uhr • Fahrpreis 10 € (einfache Fahrt 7,50 €)

Ischia 📖 A 4

54 400 Einwohner
Karte ▶ S. 93

Ischia, die größte der Phlegräischen Inseln, verdankt ihre Entstehung einem unterirdischen Vulkan. Heiße Dämpfe und Schwefelthermen sind als vulkanische Erscheinungen bis heute erhalten geblieben. Bereits in der Antike wussten Griechen und Römer deren gesundheitsfördernde Wirkung sehr zu schätzen. Rund um den **Monte Epomeo**, den höchsten Berg der Insel, liegen die sechs Gemeinden: **Ischia** (Porto und Ponte), **Casamicciola**, **Lacco Ameno**, **Forio**, **Serrara Fontana** und **Barano**. Charakteristisch für die Insel ist, dass jede dieser Gemeinden sehr auf ihre Eigenständigkeit bedacht ist.

Ischia gilt als traditionsreiche Kurinsel der Deutschen, die besonders die Vor- und Nachsaison schätzen. Nur im August sind Italiener in der Überzahl. Wer Erholung sucht, sollte außerhalb der Hochsaison anreisen. Das Kurangebot reicht von radioaktivem Fango und Bädern über schwefelsalzige, alkalihaltige oder brom- und jodsalzige Wasser bis zu heißen und überheißen Thermalquellen.

Der Bade- und Kurtourismus stellt die größte Einnahmequelle der Insel dar. Weit dahinter stehen Fischfang, Zitrusfrüchte- und Weinanbau. Wer einen Überblick über die gesamte Insel gewinnen möchte, dem empfiehlt sich eine Inselrundfahrt mit einem sogenannten Mikrotaxi. Die Fahrt mit einem dieser kleinen, meist offenen Wagen auf drei Rädern ist recht amüsant. Der Preis sollte allerdings vorher vereinbart werden. Aber auch mit öffentlichen Bussen ist es möglich, die Insel zu erkunden.

Ischia bietet sich als Standort für eine Verbindung von Kur- und Kultururlaub an. Die Insel verfügt zum einen über eine sehr gute touristische Infrastruktur mit Hotels und Pensionen in jeder Preislage. Für unternehmungslustige Besucher werden zum anderen von Ostern bis Oktober von den örtlichen Reisebüros fast täglich Gruppenausflüge zu den Nachbarinseln und zum Festland organisiert. Wer aber lieber allein auf eine Entdeckungsreise geht, kann sich mit Fähre oder Schnellboot relativ unabhängig bewegen.

📷 FotoTipp

Ischia – Bucht von Citara

Von Panza aus erreicht man über einen stetig ansteigenden Fußweg den Aussichtspunkt Faro di Punto Imperatore, der einen herrlichen Blick auf die Bucht von Citara und Forio bietet. ▶ S. 91

Ziele auf Ischia

◎ Barano ▸ S. 93, b 2/3

Diese kleine Berggemeinde im Süden der Insel mit ihrem gleichnamigen Hauptort besteht aus mehreren Ortschaften. Hier kann man wegen der angenehmen Temperaturen auch im Sommer gut wandern. Als kurzer Spaziergang durch üppiges Grün bietet sich von der Ortschaft **Testaccio** aus die schöne alte Steintreppe zum Maronti-Strand an.

Ein Besuch des Bergdorfes **Buonopane** lohnt sich nicht nur an einem Ostermontag, wenn der Volkstanz »N'drezzata« in traditionellen Kostümen aufgeführt wird. Bei dieser Darbietung handelt es sich um einen kämpferischen Stocktanz, der seit Jahrhunderten vom Vater an den Sohn weitergegeben wird. Zudem gibt es in Buonopane die Nitrodi-Quelle, die bei Hautproblemen helfen soll. Ebenso berühmt ist das Cavascura-Tal mit seinen heißen Quellen.

◎ Casamicciola Terme ▸ S. 93, b 1

In Casamicciola Terme liegt der zweitgrößte Hafen der Insel. Casamicciola war der erste Luft- und Thermalkurort der Insel. Im 16. Jh. gab es hier bereits ein Thermalbad für arme Leute. Das Gebäude einer später entstandenen öffentlichen Therme an der Uferpromenade verfällt heute leider. In Hafennähe liegt die hübsche Altstadt mit weißen Fischerhäusern. Auf der Piazza Marina kann man vom Café Calise aus dem geschäftigen Treiben vor dem Hafen zuschauen. Lohnend sind ein Spaziergang im oberen Stadtteil mit der schönen Piazza Bagni und ein längerer Weg bis hinauf zum Vulkankrater Fondo d'Oglio.

ÜBERNACHTEN

Elma Park Hotel Terme
Zum Entspannen • Ruhiges, modernes Hotel, in einer Parkanlage gelegen, mit Thermalzentrum und Tennisplätzen.
Casamicciola, Via Vittorio Emanuele 57 • Tel. 08 19 94 1 22 • www.hotelelma.it • 75 Zimmer • Jan.–April geschl. • €€€

ESSEN UND TRINKEN

Il Focolare
Inselspezialitäten mit bestem Wein • Taverne mit halb offener Außenterrasse im Kastanienwald. Einfache, aber fantasievolle Küche.
Barano, Via Cretajo al Crocefisso 3 • Tel. 08 1/90 29 44 • www.trattoriailfocolare.it • außer Fr–So nur abends geöffnet (Nov.–Mai Mi geschl.) • €€€

◎ Forio ▸ S. 93, a 1

Die Gemeinde mit dem gleichnamigen Hauptort liegt in einer weiten, fruchtbaren Ebene. Charakteristisch für den Ort Forio sind die mächtigen »torrioni«, Wehrtürme, die im 16. Jh. zum Schutz gegen die Sarazenen gebaut wurden. In den 1950er-Jahren wurde Forio zum bevorzugten Aufenthaltsort deutscher und englischer Maler. Von dieser Künstlerkolonie ist nur die Erinnerung geblieben. In der Fußgängerzone von Forio, in dessen Zentrum ein eindrucksvoller Brunnen steht, lässt es sich angenehm bummeln. Im Keramikladen La Madonella kann man dem Meister Costantino bei seiner Arbeit zuschauen. Seine feinen Muster heben sich von der üblichen Inselkeramik ab. In der Bucht von San Montano liegt der herrliche Thermalgarten Negombo.

SEHENSWERTES
Chiesa Santa Maria del Soccorso
▶ S. 93, a 1

Diese malerisch auf einem Felsen errichtete weiße Seefahrerkirche ist das Wahrzeichen der Gemeinde Forio. Von der vor der Kirche liegenden Terrasse kann man herrliche Sonnenuntergänge erleben.

🔟 Giardini di Poseidon (Poseidongärten)
▶ S. 93, a 2

Der schönste und größte der Thermalgärten auf Ischia liegt am Strand von Citara. Er wurde von einem bayerischen Unternehmer angelegt. Auch die medizinische Abteilung steht unter deutscher Leitung. Die Anlage ist ihren relativ hohen Eintrittspreis wert. Denn ein Tag lässt sich in diesem üppigen, terrassenartig angelegten Garten mit 20 Kurbadebecken (Thermal-, Kneipp- und Meerwasser) und einem Privatstrand höchst angenehm und erholsam gestalten.

Via Giovanni Mazzella 87 (Citara-Bucht) • Tel. 0 81/9 08 71 11 • www.giardiniposeidonterme.com • April–Okt. 9–19 Uhr • Tageskarte 32 € (Aug. 34 €)

Giardini di Villa Ravino
▶ S. 93, a 2

Die große Kakteen- und Sukkulentensammlung hat Kapitän Giuseppe d'Ambra auf seinen Reisen in der ganzen Welt zusammengetragen und stellt sie nun in seinem mit Liebe und Sorgfalt gepflegten Garten zur Schau. Zudem finden hier Musikveranstal-

tungen und Kunstausstellungen statt. Auch ein B&B gehört zur Anlage. Via Provinciale Panza 140b • Tel. 0 81/99 77 83 • www.ravino.it • tgl. 9 Uhr bis Sonnenuntergang (Nov. –März Di, Do geschl.) • Eintritt 9 €, Kinder 4 €

Villa la Colombaia – Museo Luchino Visconti   ▶ S. 93, a 1
Die an eine Burg erinnernde Villa liegt mitten im Grünen, abseits der Touristenströme. Sie gehörte dem berühmten Regisseur Luchino Visconti, dessen Grab sich im Garten befindet. Heute beherbergt die Villa eine Kunststiftung, die u. a. das Werk Viscontis zeigt. Hier findet im Sommer auch das Ischia Film Festival statt. Auf der Terrasse sollte man unbedingt den Sonnenuntergang bei einem Aperitif genießen.
Via Francesco Calise 130 • Tel. 0 81/3 33 21 47 • www.fondazionela colombaia.it • tgl.10–13, 15–19 Uhr (April–Nov.) • Eintritt 6 €

⭐ **9** **MERIAN Tipp**

LA MORTELLA   ▶ S. 93, a 1
Die Villa mit dem bezaubernden Garten voller tropischer und mediterraner Pflanzen gehörte dem englischen Komponisten William Walton und ist heute ein Museum.   ▶ S. 17

MUSEEN

Museo Contadino   ▶ S. 93, a 2
Ein Museum mit Bildern und Gegenständen aus der Bauern- und Winzertradition. Es befindet sich im Privatbesitz einer Winzerfamilie, die ihre Weinkellerei D'Ambra Vini d'Ischia mit Ischiatrauben aus eigenem Anbau betreibt.

SS 270, Via Michele d'Ambra, Panza (Forio) • tgl. außer Sa 9–13 und 14–17 Uhr (Sommer 20 Uhr) • Eintritt frei

ÜBERNACHTEN

Villa Verde   ▶ S. 93, a 1
Frühstücksbüfett vom Feinsten • Ein familiär geführtes und sehr gemütliches Hotel mit einer schönen Dachterrasse, in dem man auch am Abend (Vorbestellung empfohlen) genussvoll speisen kann. Ideale Lage im Herzen von Forio.
Via Matteo Verde 34 • Tel. 0 81/98 72 81 • www.villaverdehotel.it • 12 Zimmer mit Balkon • €

ESSEN UND TRINKEN

Il Saturnino   ▶ S. 93, a 1
Blick auf den Fischerhafen • Im kleinen Lokal mit Terrasse am Hafen von Forio serviert Chef Ciro am liebsten Fischgerichte.
Via Marina • Tel. 0 81/99 82 96 • im Winter nur Mittagstisch • €€

La bella Napoli   ▶ S. 93, a 1
Terrasse am Hafen • Malerisch am alten Hafen von Forio gelegen bietet dieses kleine, aber feine Pizzeria-Restaurant lokale Küche, wobei vor allem die Fischgerichte und Vorspeisen zu empfehlen sind.
Via Marina 8 • Tel. 0 81/98 63 92 • www.bellanapoliischia.it • tgl. außer Di, im Winter Jan., Feb. geschl. • €

EINKAUFEN

D'Ambra Vini d'Ischia   ▶ S. 93, a 2
Wer Inselwein mitnehmen möchte, sollte sich an das Weingut der Familie d'Ambra wenden. Ihre Weine Biancolella, Forastera und Piedirosso gehören zu den besten der Insel.
Via Mario d'Ambra 16 • Tel. 0 81/90 72 46 • www.dambravini.com

Wildromantisch liegt das Castello Aragonese (▶ S. 95) auf einer Felseninsel über dem Meer. Erste Befestigungsanlagen gegen die Etrusker gehen auf 474 v. Chr. zurück.

La Madonnella   ▶ S. 93, a 1
Ein Keramikgeschäft der besonderen Art, neben geschmackvollen Schüsseln, Vasen, Kacheln und anderen Produkten kann man hier auch Keramik als Tischplatte verarbeitet finden. Die Motive und Muster sind zart, sehr dekorativ und unterscheiden sich von der üblichen Inselkeramik. Die Werkstatt befindet sich im Ausstellungsraum, und so kann man dem Meister direkt beim Kunsthandwerk zusehen. Das Transportproblem lässt sich durch eine Onlinebestellung beheben.
Via Matteo Verde 32 • Tel. 0 81/98 92 38 • www.lamadonnella.it

AM ABEND
Violet   ▶ S. 93, a 1
Ein bei den Einheimischen sehr beliebtes Restaurant und Nachtlokal am Hafen von Forio, in dem sich Livemusik mit DJ-Unterhaltung abwechselt. Die Stimmung ist immer ausge-

lassen. Man genießt Cocktails oder Parpardelle mit Wildschweinsoße. Die Auswahl an Speisen und Getränken ist groß, der Service exzellent.
Via Giacomo Genovino • Tel. 3 31/ 2 73 32 95

◎ **Ischia Porto, Ischia Ponte**
▶ S. 93, c 1
Die Inselgemeinde Ischia Porto teilt sich in die Ortschaften Ischia Porto, wo der Fährhafen liegt, und Ischia Ponte, das mit seinem Altstadtviertel Borgo di Celsa, der Kathedrale Santa Maria della Scala und Adelspalästen aus dem 16. Jh. zu den wohl reizvollsten Städtchen der Insel zählt.

SEHENSWERTES
Castello Aragonese 👫   ▶ S. 93, c 2
Im 15. Jh. ließ der König von Neapel, Alfons von Aragón, die bereits in der Antike existierende Befestigungsanlage erheblich ausbauen. Ihm ist auch

die mehr als 400 m lange Galerie zu verdanken, die auf die Festung führt. Kulturelle Glanzzeiten erlebte das Kastell, als die mit Michelangelo befreundete adlige Dichterin Vittoria Colonna aus Rom einzog (1509). Ihr Hof wurde weit über den Golf hinaus berühmt. Die Festung in 115 m Höhe wirkt auch heute noch wie eine kleine Stadt, lebten hier doch im 18. Jh. fast 2000 Familien. Im 19. Jh. wurde das Kastell zum Gefängnis und Verbannungsort umstrukturiert. Seit 1911 befindet sich die Festung in Privatbesitz der Familie Mattera. Das Schloss ist jedoch zu besichtigen. Hinauf sollte man ruhig den Fahrstuhl am Eingang benutzen. Oben gibt es ein Café mit sehr schöner Aussichtsterrasse, und für den Weg hinunter empfiehlt sich die breite Rampe. Unbedingt besichtigen sollte man das Klarissinnenkloster mit seinen Sitzgräbern und die sechseckige Kirche San Pietro. Die Räume der ehemaligen Chiesa dell'Immacolata werden heute für Kunstausstellungen genutzt. www.castelloaragonese.it • tgl. 9 Uhr bis Sonnenuntergang • Eintritt 10 €

Monte Epomeo   ▶ S. 93, a/b 2

Wegen der großartigen Ausblicke gehört der 787 m hohe Monte Epomeo zu den beliebtesten Ausflugszielen auf der Insel Ischia. Für Romantiker empfiehlt es sich unbedingt, in einer der umgebauten Mönchszellen der ehemaligen Einsiedelei mit Restaurant und Zimmervermietung zu übernachten.

ESSEN UND TRINKEN

Giardino Eden   ▶ S. 93, c 2

Weinkarte für Kenner • Ein wahres Paradies inmitten eines blühenden Gartens mit Blick auf das Castello Aragonese. Die Küche zählt mit ihren Fischgerichten zu den besten der Insel. Spezialität: »linguine con ricci di mare«, Nudeln mit Seeigeln. Ischia Ponte, Via Nuova Carta Romana 68 • Tel. 0 81/98 50 15 • www.giardino edenischia.it • Mai–Okt. • €€€

Cocò   ▶ S. 93, c 2

Regionale Fischküche • Lokal direkt am Fischerhafen mit Blick auf das Kastell. Fischspezialitäten. Ischia Ponte, Ponte Aragonese 1 • Tel. 0 81/98 18 23 • www.ristorantecoco ischia.com • im Winter Mi geschl. • €€

EINKAUFEN

Die Einkaufsmeile liegt in Ischia Porto in der Via Roma und der Fußgängerzone des Corso Vittoria Colonna.

SERVICE
AUSKUNFT
Aasct – Touristeninformation
▶ S. 93, c 1

Ischia Porto, Scalo Porto Salvo • Tel. 0 81/5 07 42 31 • www.ischia.it

◎ Lacco Ameno   ▶ S. 93, a 1

Wahrzeichen des eleganten Thermalkurortes ist der Fungo, ein Tuffsteinfelsen im Hafenbecken, der einem Riesenpilz ähnlich sieht. In Lacco Ameno liegen die zwei bedeutendsten Museen zur Inselgeschichte, die Ausgrabungsstätte unterhalb der Kirche Santa Restituta und die Villa Arbusto, mit Funden aus griechischer, römischer und frühchristlicher Zeit.

MUSEEN
Museo Civico Nazionale Pithaecusa
Villa Arbusto   ▶ S. 93, a 1

Ein archäologisches Museum und Forschungszentrum, in dem Funde und Gräber von Pithekoussai – so

hieß die griechische Siedlung der Insel – ausgestellt sind. Eindrucksvolles Prunkstück der Sammlung ist der sogenannte »Nestorbecher«. Das Museum ist in der prunkvollen Villa Arbusto aus dem 18. Jh. untergebracht. Die Villa und der Garten mit seinen Laubengängen sind schon für sich allein einen Besuch wert.
Corso Rizzoli 210 • Tel. 0 81/90 03 56 • April–Okt. tgl. außer Mo 9.30–13, 17–21 Uhr • Eintritt 5 €, Kinder 3 €

Museo di Santa Restituta   ▸ S. 93, a 1
Kleines, vom Pfarrer der gleichnamigen Kirche in Eigeninitiative angelegtes archäologisches Museum. Neben der frühchristlichen Krypta aus dem 4. Jh. kann man griechische und römische Töpferarbeiten sowie fünf Brennöfen besichtigen. Viele Funde befinden sich noch am ursprünglichen Ausgrabungsort.
Piazza S. Restituta 10 • tgl. 9–12.30, 16.30–18.30 Uhr (im Winter geschl.) • Eintritt 4 €

ÜBERNACHTEN

Grazia Terme   ▸ S. 93, b 1
Modern und funktional • Kleines Hotel mit Therme, an den Hängen des Monte Epomeo gelegen. Restaurant nur für Gäste des Hauses.
Via Borbonica 2 • Tel. 0 81/99 43 33 • www.hotelgrazia.it • 58 Zimmer • April–Okt. geöffnet • €€€

Park Hotel Terme Michelangelo
▸ S. 93, a 1
Öko-Komfort • Das am Hang gelegene Hotel mit herrlichem Blick über den Golf verspricht einen naturnahen Aufenthalt. Den Gästen wird moderner Komfort, Ruhe, ein Wellness- und Kurbereich mit Thermen geboten. Und auf dem Dach sorgt eine 50-kW-

Solarzellenanlage für eine alternative Stromversorgung.
Via Provinciale Fango 77 • Tel. 0 81/99 51 34 • www.hotelmichelangeloischia. it • 71 Zimmer • im Winter geschl. • €€

Pensione Villa Angelica   ▸ S. 93, a 1
Herzlicher Empfang • Familiengeführte Pension mit sehr gepflegtem Garten und geschmackvoll ausgestatteten Zimmern und Aufenthaltsräumen in Stadt- und Strandnähe.
Via IV Novembre 28 • Tel. 0 81/99 45 24 • www.villaangelica.it • 20 Zimmer • April–Okt. geöffnet • €€

◎ Sant'Angelo   ▸ S. 93, a 3
Obwohl fast ohne Strand, gehört der malerisch gelegene Ort sicher zu den schönsten und exklusivsten der Insel. Er erinnert mit seinen vielen Treppen, schmalen Gassen und pastellfarbenen Häusern an Positano und Capri. Die Preise in den Restaurants und Hotels sind allerdings entsprechend hoch. Am Hang zum Meer liegt der renommierte Thermalpark Aphrodite-Apollon Mare. Es gibt eine Boot-Taxi-Verbindung zwischen Sant'Angelo und Maronti-Strand (Preis 4 €).

ÜBERNACHTEN

Miramare   ▸ S. 93, a 3
Panoramablick • Das renommierte und mit viel Liebe zum Detail eingerichtete Hotel liegt direkt über dem Meer und verfügt über einen Wellnessbereich mit Sauna, Fitnesscenter sowie einen Privatstrand. Die Gäste des Hotels haben ermäßigten Zutritt zum Thermalpark Aphrodite-Apollon Mare, der sich in umittelbarer Nähe befindet.
Via Comandante Maddalena 29 • Tel. 0 81/99 93 25 • www.hotelmiramare.it • geöffnet April–Okt. • 54 Zimmer • €€€

ESSEN UND TRINKEN

La Tavernetta del Pirata   ▶ S. 93, a 3
Szenelokal • Ergattert man einen Platz auf der Außenterrasse, ist die idyllische Lage des Restaurants am kleinen Hafen von Sant'Angelo kaum noch zu übertreffen. Die mediterrane Küche ist von guter Qualität, die Vorspeisen sind vom Feinsten und reichlich, aber dieses perfekte Ambiente hat seinen Preis.
Via Sant'Angelo 77 • Tel. 0 81/99 92 51 • April bis Nov. geöffnet • €€€

MERIAN Tipp

KARFREITAGSPROZESSION AUF PROCIDA   B 4

Fast ein Drittel der Inselbevölkerung nimmt an dieser eindrucksvollen Prozession in weißen Kutten mit blauen Kapuzen teil.   ▶ S. 17

◎ **Serrara Fontana**   ▶ S. 93, a/b 2
In dieser Doppelgemeinde liegt Fontana, der höchste Ort der Insel, auf 452 m. Der eigentliche Hauptort ist jedoch Serrara. Hier steht immer noch die Landwirtschaft an erster Stelle, und der Tourismus hat kaum Spuren hinterlassen. Fontana ist Ausgangspunkt für die Bergexkursionen zum **Monte Epomeo** (787 m) (▶ S. 96). Ein Abstieg nach Sant'Angelo ist von Serrara aus möglich. In der Nähe von Serrara sollte man die Steinhäuser, »case di pietra«, besuchen.

SEHENSWERTES

Belvedere di Serrara   ▶ S. 93, a 2
Von der Aussichtsterrasse im Schatten der großen Schirmpinie hat man einen wunderbaren Ausblick auf Sant'Angelo und den Maronti-Strand.
Piazza Pietro Paolo Iacono

ESSEN UND TRINKEN

Bracconiere   ▶ S. 93, a/b 2
Regionale Fleischspezialitäten • Hoch in den Bergen gelegenes Restaurant. Es lohnt sich, das Kaninchen nach Jägerinnenart, »coniglio alla cacciatora«, zu probieren.
Via Falanga 1 • Tel. 0 81/99 94 36 • Ostern–Okt. tgl. außer Di, Aug. kein Ruhetag • €€

Procida   B 4

10 800 Einwohner
Karte ▶ S. 99
Procida, die kleinste der drei Inseln im Golf von Neapel, findet man im Gegensatz zu ihren berühmten Schwesterinseln Capri und Ischia in kaum einem Reisekatalog. Die Insel war noch nie »in Mode«, und dies scheint ganz im Sinne ihrer Bewohner zu sein. Diese blicken auf eine lange Seefahrertradition zurück, und viele Männer Procidas fahren auch heute noch aufs Meer, womit sich ihr generelles Desinteresse am Tourismus erklären lässt. Die Seefahrtschule **Istituto Nautico Francesco Caracciolo** gehört zu den ältesten Italiens. Die Inselbewohner sind auf die Wahrung ihrer überlieferten Traditionen bedacht. Ihre tief empfundene Religiosität zeigt sich nicht nur in der großen Anzahl der Kirchen und bei der volkstümlichen Karfreitagsprozession (▶ MERIAN Tipp, S. 17), sondern auch in den zahlreichen und oft kurios anmutenden Opfergaben der Seeleute, die damit ihre abenteuerlichen Schiffsreisen und wunderbaren Rettungen verewigt haben.
Die Beschaulichkeit der Insel mit ihrer herrlichen Landschaft und den Wein-, Obst- und Gemüsegärten im Osten (**Punta di Pizzaco** und **Punta**

Solchiaro) sowie im Nordwesten zwischen der **Punta di Pioppetto** und der **Punta Ottimo** machen ihren besonderen Reiz aus.

Auch das Naturschutzgebiet des Inselchens **Vivara** und die wunderbaren Tauchgründe der Insel dürfen natürlich nicht vergessen werden. Das Strandleben spielt sich hauptsächlich im Westen der Insel ab, wo sich die dunklen Sandstrände **Ciraccio** und **Ciracciello** befinden. Die pastellfarbenen Häuser des Hafenzentrums **Sancio Cattolico** mit ihren orientalisch anmutenden Rundbögen wirken wie eine Filmkulisse. Der Autoverkehr wird im Sommer auf der ganzen Insel durch abendliche Fahrverbote geregelt, was der Inselidylle zugutekommt.

SEHENSWERTES
Abbazia di San Michele Arcangelo
▸ S. 99, c 2
Die Abtei aus dem 14. Jh. ist dem Erzengel Michael geweiht. Unbestrittenes Prunkstück der reichen Innenausstattung ist das in die Kassettendecke eingelassene Gemälde von Luca Giordano (1699). Es zeigt den Erzengel Michael im Kampf mit Luzifer. Ein weiteres eindrucksvolles Ölgemälde aus dem 17. Jh. mit dem Erzengel als Motiv ist im rechten Chor zu sehen. Das Interessanteste an dieser Kirche sind jedoch ihre zum Teil skurril wirkenden drei Unterkirchen, die im Lauf der Jahrhunderte aus dem Felsen gehauen wurden. Durch ein schmiedeeisernes Tor betritt man zunächst die Biblio-

thek, in der auch die Krippe nebst Devotionalien aufbewahrt wird.

Vorbei an einem Beinhaus erreicht man eine Kapelle aus dem 17. Jh., deren kleine Fenster auf das blaue Meer hinausgehen. Eindrucksvoll ist die letzte der drei Unterkirchen mit ihrem himmelblauen Deckenfresko und den Totenköpfen auf dem Marmoraltar. Man betritt die Kirche durch einen Seiteneingang. Sie ist am Vor- und Nachmittag geöffnet. Der inzwischen verstorbene Pfarrer Don Luigi hat einen kleinen Führer zur Geschichte der Kirche verfasst, der auch auf Deutsch erhältlich ist.

Terra Murata, Via Canalone • Tel. 0 81/8 96 76 12 • tgl. 9.45–12.45, 15–17.30 Uhr • Eintritt 3 €

Terra Murata ▶ S. 99, c 1/2

Das »gemauerte Land« ragt mit einer Höhe von 91 m über die Insel hinaus. Im 16. Jh. wurden hier die ersten Festungsmauern gebaut. Auf diesem höchsten Punkt der Insel liegt die schon von Weitem sichtbare, mächtige Festungsanlage Procidas. Der Palast der Festung wurde 1563 von Innico d'Avalos, Kardinal von Aragon, gebaut. Keine 200 Jahre später gelangte er in den Besitz der Bourbonen, die ihn als Residenz benutzten, um auf dem Inselchen Vivara der Fasanen- und Hasenjagd nachzugehen. 1799 wurde die Anlage Sitz einer Militärschule und später von 1822 bis 1988 als Zuchthaus genutzt. Die Festung selbst ist momentan nicht zugänglich, da über eine zukünftige Nutzung dieses historischen Gebäudes noch keine Entscheidung getroffen wurde. Der kleine, renovierte Stadtkern mit der Abbazia di San Michele Arcangelo, die man am Ende des steil ansteigenden Kopfsteinpflasters erreicht, liegt rechts von der Festung.

Von der Terra Murata hat man einen schönen Blick auf die in sich verschachtelten Häuser des Hafenviertels Sancio Cattolico (▶ S. 99) auf Procida.

ÜBERNACHTEN

Im Sommer ist die Insel vor allem bei italienischen Familien mit Kindern beliebt. Deshalb ist das Angebot an Ferienwohnungen auch erheblich größer als das an Hotels.

La Casa sul Mare   ▶ S. 99, c 2
Romantisch • Unterkunft mit mediterranem Flair ganz in der Nähe des kleinen Fischerhafens Corricella. Salita Castello 13 • Tel. 0 81/8 96 87 99 • www.lacasasulmare.it • Jan., Feb. geschl. • 10 Zimmer • €€

La Tonnara   ▶ S. 99, a 3
Modernes Ambiente • Direkt am stimmungsvollen Jachthafen Chiaiolella liegt dieses neu eröffnete Hotel mit elegant ausgestatteten Zimmern und einem Restaurant. Marina Chiaiolella 51/B • Tel. 0 81/8 10 10 52 • www.latonnarahotel.it • 14 Zimmer • April–Okt. geöffnet • €€

ESSEN UND TRINKEN

Gorgonia   ▶ S. 99, c 2
Speisen am Fischerhafen • Umgeben von pastellfarbenen Häusern, bietet dieses Restaurant vor allem Fischspezialitäten wie gegrillten Tintenfisch und köstliche Nudelgerichte mit Meeresfrüchten. Via Marina Corricella 50 • Tel. 0 81/8 10 10 60 • April–Okt. tgl. geöffnet, Nov.–März nur Sa, So • €€

La Lampara   ▶ S. 99, c 2
Hoch gelegene Terrasse • Oberhalb der malerischen Bucht der Corricella gelegen, blickt man von der Terrasse direkt auf den kleinen Fischerhafen. Exzellente Küche. Via Marina Corricella 88 • Tel. 0 81/8 96 06 09 • tgl. außer Di ab 18 Uhr (Winter geschl.) • €€

📷 FotoTipp

Sonnenuntergang auf Procida

Die schönsten Sonnenuntergänge auf Procida lassen sich vom Strand der Chiaiolella aus fotografieren, an dem die Sonne blutrot im Meer versinkt. Für Sonnenaufgänge muss man sich zur Terra Murata begeben.   ▶ S. 100

La Medusa   ▶ S. 99, c 1
Rustikale Küche • Die Trattoria am malerischen Hafen Marina Grande gehört zu den ältesten der Insel. Via Roma 116 • Tel. 0 81/8 96 74 81 • im Sommer kein Ruhetag, im Winter nur mit Reservierung • €€

La Panetteria   ▶ S. 99, c 2
Seit über 60 Jahren ist die Bäckerei in Familienbesitz. Sie bietet auch Einblick in die Backstube. Hier werden neben verschiedensten Broten und süßen Brötchen auch »taralli«, mit Gemüse gefüllte Pizzateigtaschen, und andere herzhafte Köstlichkeiten hergestellt. Hervorragend auch die hausgemachte »pasta al limone«. Via Vittorio Emanuele 157 • Tel. 0 81/8 96 95 44 • tgl. außer So 5–13.30 Uhr • €

Bar del Cavaliere   ▶ S. 99, c 1
Ideale Frühstücksbar • Gepflegte Cafébar mit köstlichen Kuchen, am Haupthafen gelegen. Marina Grande, Via Roma 42 • tgl. außer Mo 8–24 Uhr

SERVICE
AUSKUNFT
Pro Loco di Procida   ▶ S. 99, c 1
Stazione Marittima, Via Roma • Tel. 0 81/8 96 96 28 • www.proloco procida.it

Die Küstenstraße entlang der Costiera Amalfitana (▶ S. 106),
eine der schönsten der Welt, bietet traumhafte Ausblicke.
Sie wurde 100 m über dem Meer zum Teil in den Fels geschlagen.

Touren und Ausflüge

Bei den Ausflügen, die durch zauberhafte Landschaften
und vergessene Dörfer führen, wird Geschichte lebendig.
Die Region zeigt dabei ihre vielen Gesichter.

Spaziergang durch Paestum – Grandiose Tempel zu Ehren der Götter ⭐

Charakteristik: Der Rundgang über das Ausgrabungsgelände der antiken griechischen Kolonie Paestum vermittelt einen Eindruck von der einstigen Pracht der griechischen Tempel **Dauer:** Halbtagestour (ohne Anfahrt) **Länge:** Rundgang ca. 2 km **Anfahrt:** Autobahn A 3 Salerno–Reggio di Calabria, Abfahrt Battipaglia, dann weiter auf der Staatsstraße 18 bis Capaccio Scalo und den Schildern nach Paestum folgen **Einkehrtipp:** Agriturismo Podere Rega, Via Principe di Piemonte, Paestum-Capaccio, Tel. 08 28/72 24 32 (Reservierung erforderlich), www.podererega.it €€ · Tenuta Seliano, Paestum-Capaccio, Tel. 08 28/72 36 34, www.agriturismoseliano.it €€ **Auskunft:** A.A.S.T.P. – Touristeninformation, Via Magna Grecia 887/84063 Paestum, Tel. 08 28/81 10 16, www.infopaestum.it

📖 östl. G 5

Wie Pompeji gehört Paestum zu den bedeutendsten archäologischen Ausgrabungsstätten in Italien. 600 v. Chr. gründeten die Griechen hier eine Kolonie, die sie dem Meeresgott zu Ehren Poseidonia nannten. Die Fruchtbarkeit des Bodens und die für Handelsbeziehungen gute Lage verschafften der Stadt großen Reichtum, der in der Pracht der drei dorischen Tempel noch heute zum Ausdruck kommt. Später wurde die Stadt römische Kolonie und bekam den Namen Paestum. In der Spätantike verarmte der Ort, im Mittelalter wurde er von seinen Bewohnern endgültig verlassen.

Die Stadt geriet in Vergessenheit. Erst Mitte des 18. Jh. wurden die monumentalen Kultstätten durch die Reisenden der »grand tour« wiederentdeckt, und die Faszination der großartigen Tempel, die sich harmonisch in die Landschaft einfügen, ist bis heute ungebrochen.

Drei gut erhaltene Kultstätten

Das Ausgrabungsgelände zeigt Reste aus dem griechischen und dem römischen Zeitalter. Es wird von den Fragmenten der antiken, rund 5 km langen Stadtmauer umgeben. Verglichen mit dem Touristentrubel in Pompeji ist Paestum eine wahre Oase der Stille, denn der Besucherstrom verläuft sich sehr schnell auf dem weitläufigen Gelände. Nördlich des Haupteingangs liegt der um 500 v. Chr. errichtete **Athenatempel**, auch als Cerestempel bekannt. Der Göttin der Weisheit und der Künste gewidmet, erhebt er sich repräsentativ an der höchsten Stelle der Stadt. Das ausgewogene Verhältnis der Säulen verweist auf das klassische Schönheitsideal. Die Vorhalle der Cella wurde von acht Säulen mit ionischen Kapitellen getragen, zwei davon sind im Archäologischen Nationalmuseum zu besichtigen, das sich direkt gegenüber dem Ausgrabungsgelände befindet. Früher wurde dieser Tempel als christliche Kirche genutzt.

Vom Athenatempel aus gehen Sie in südliche Richtung am römischen Amphitheater vorbei und überqueren dann den rechteckigen Forumsplatz. In imposanter Größe erhebt sich hier der jüngste der drei Tempel: Der sehr gut erhaltene **Poseidontempel** (450 v. Chr.) besticht durch seine streng symmetrischen Proportionen. Er gilt als vollkommenes Beispiel klassischer griechischer Architektur. Daneben liegt die sogenannte **Basilika**, der älteste griechische Tempel in Paestum (650 v. Chr.). Die Entdeckung kleiner Votiv-Tonfiguren lässt vermuten, dass das Gebäude der Göttin Hera geweiht war. Reste seiner einst farbenprächtigen Stuckdekorationen werden im Archäologischen Nationalmuseum gezeigt.

»Grab des Tauchers«

Außerdem sind im Museum wertvolle Fundstücke aus Paestum zu sehen, z. B. eine Sammlung antiker Terracotta-Köpfe sowie Kapitelle und Metopen-Reliefs mit Szenen aus der griechischen Mythologie. Einzigartig ist die Sammlung bemalter antiker Grabplatten, darunter auch das weltberühmte »Grab des Tauchers« (480 v. Chr.), das 1968 in einer nahe bei Paestum liegenden Nekropole ausgegraben wurde. Bei diesen Grabplatten handelt es sich um die einzige vollständig erhaltene Wandmalerei aus der griechischen Klassik. Welch große Bedeutung die antiken Griechen der Malerei zuschrieben, lässt sich bei der Betrachtung der Exponate nachvollziehen.

INFORMATIONEN

Scavi Archeologici di Paestum
Via Magna Grecia • www.museo paestum.beniculturali.it • tgl. 8.45– 1 Std. vor Sonnenuntergang • Eintritt mit Museumsbesuch 7 €

Museo Archeologico Nazionale
Via Magna Grecia • Tel. 08 28/81 10 23 • tgl. außer am 1. und 3. Mo des Monats 8.30–19.30 Uhr • Eintritt mit Ausgrabungsstätte 7 €

Ausgewogene, klassische Proportionen inmitten einer akadischen Landschaft: der um 450 v. Chr. errichtete Poseidontempel in Paestum (▸ MERIAN TopTen, S. 105).

Entlang der Costiera Amalfitana – Traumpanorama auf kurvenreicher Strecke

Charakteristik: Die Fahrt entlang der kurvenreichen Küstenstraße Amalfitana bietet unvergessliche Ausblicke auf die Küste und ihre zauberhaften Ortschaften **Dauer:** Tagestour **Länge:** ca. 40 km **Anfahrt:** Autobahn A 3 Neapel–Salerno, von dort auf die SS 163 nach Vietri sul Mare **Einkehrtipp:** Pasticceria Gambardella, Corso Vittorio Emanuele 37, Minori, Tel. 089/877299, www.gambardella.it,

 tgl. 10–20 Uhr, Jan., Feb. geschl. € **Auskunft:** www.amalfitouristoffice.it

📘 G 5–E 5

Gehörte im Mittelalter zur Seerepublik Amalfi: Atrani an der Amalfiküste.

Die Tour beginnt in dem für Keramikarbeiten bekannten Städtchen **Vietri sul Mare**. Nach etwa 5 km erreichen Sie das malerische **Cetara**, dessen mittelalterlicher Fischerhafen unterhalb der Küstenstraße liegt. Nur wenige Kurven weiter weist ein leicht zu übersehendes Schild nach **Erchie**. Die winzige Fischerbucht mit Badestrand (▶ MERIAN Tipp, S. 15) konnte ihre familiär anmutende Atmosphäre bewahren. In der Vor- und Nachsaison sind Sie hier fast allein am Strand.

Maiori ▶ Amalfi

Danach fahren Sie weiter in Richtung **Maiori**. Die Küstenstraße führt direkt durch den vorwiegend von moderner Architektur geprägten Badeort, der einen für die Amalfiküste breiten Strand aufweisen kann. Nun folgt das kleinere **Minori**, das schon von den antiken Römern als Sommerfrische geschätzt wurde. Hier können Sie die seltenen Reste einer römischen **Villa Marittima** am Meerufer besichtigen. Von der Villa können das Schwimmbad, die Thermen und das Triclinium besucht werden (Villa Romana, Via Gatto, tgl. 9 Uhr bis 1 Std. vor Sonnenuntergang, Eintritt frei). Über **Atrani**, das einst Sitz eines herzoglichen Hofs war, fahren Sie weiter nach **Amalfi**.

Conca dei Marini ▶ Positano

Auf der Weiterfahrt erreichen Sie kurz nach dem Ort **Conca dei Marini** den Zugang zur **Grotta di Smeraldo**, die durchaus mit der Blauen Grotte auf Capri konkurrieren kann. Danach kommt der einmalige Ort **Furore**: Er liegt unten an einem Fjord – dem einzigen in Südeuropa. Dem Fischerdorf **Praiano**, das zum Verweilen einlädt, folgt schließlich das legendäre **Positano**.

In der Umgebung von Caserta – Ein Versailles des Südens

Charakteristik: Die gut ausgeschilderte Autotour führt zum Schloss von Caserta, das mit seinen prachtvollen Gartenanlagen zur Besichtigung einlädt. Weitere Ausflugsziele der Tour sind die Orte San Leucio und Casertavecchia **Dauer:** mit Besichtigungen Tagesausflug **Länge:** 46 km **Anfahrt:** von Neapel auf der Autobahn Richtung Rom, Abfahrt Caserta Nord. An der Ausfahrt links halten und weiter geradeaus bis zum Schloss Reggia di Caserta fahren **Einkehrtipp:** Ristorante Il Borgo, Via Sopra Le Mura, Casertavecchia, Tel. 08 23/37 12 95, Mo geschl. €€

 Auskunft: EPT–Informationsbüro, Palazzo Reale, Caserta, Tel. 08 23/32 11 37, www.casertavecchia.net

D 1

Das königliche Schloss **Reggia di Caserta** ließ der Bourbonenkönig Karl III. ab 1752 als prunkvollen Barockbau errichten. Es wird als »Versailles des Südens« bezeichnet. Beeindruckend ist vor allem der 120 ha große **Park**, der – wie auch das Schloss – von dem renommierten neapolitanischen Architekten Luigi Vanvitelli nach französischem Vorbild gestaltet worden ist. Um die Wasserversorgung des Schlosses und der kunstvollen Wasserspiele im Park zu sichern, musste eigens ein 41 km langer Aquädukt gebaut werden, der sogenannte **Acquedotto Carolino**. Vor allem die den Park charakterisierende »cascata all'italiana«, die am oberen Ende des Parks an einem Schlösschen als Wasserfall beginnt und sich dann in Verlängerung der Mittelachse der Reggia dreimal zu langen, rechteckigen Becken erweitert, braucht enorme Mengen an Wasser. Hier liegt auch der Eingang zum 25 ha großen **Englischen Garten**.

Vom Parkeingang gesehen auf der linken Seite befindet sich, umgeben von schattigen Baumalleen, die sehenswerte Miniaturfestung Castelluccia mit einem Wassergraben und einer Zugbrücke.

Wenn Sie es eilig haben, können Sie auch mit einem Bus zu dem 3 km entfernten, einst mächtigen Wasserfall fahren und so einen Überblick über Schloss und Parkanlage gewinnen. Zum Besuch der Innenräume des Schlosses bedarf es mind. 1 Std.

Reggia di Caserta ▸ San Leucio

Um im Anschluss nach **San Leucio** zu gelangen, das neben der Reggia di Caserta und dem Aquädukt seit 1997 zu den von der UNESCO geschützten Denkmälern zählt, fahren Sie auf der parallel zum Schloss verlaufenden Straße weiter. Fahren Sie geradeaus bis zur Piazza Dante, dort biegen Sie links ab und fahren weiter geradeaus in Richtung Caiazzo. Auf dieser Straße erreichen Sie dann nach wenigen Kilometern den kleinen Ort San Leucio. Hier ließ Ferdinand IV. Ende des 18. Jh. eine kleine »Idealstadt« einschließlich eines königlichen Schlosses entstehen. Oberster Grundsatz bei der Planung war die Gleichheit aller Individuen. Die wirtschaftliche Grundlage bildete die Seidenmanufaktur, in der Männer und Frauen arbeiteten. Der Monarch bot allen Einwohnern eine Schul- und Berufsausbildung sowie eine Kranken- und Rentenkasse.

Vom Mittelpunkt des Ortes, einem kleinen, runden Platz, führen zwei Freitreppen zu der königlichen Residenz, zur Kirche und der in den Seitenflügeln untergebrachten ehemaligen Manufaktur. Der vollständig renovierte Gebäudekomplex beherbergt heute ein Museum der Seidenproduktion und ist zu besichtigen. Im Sommer findet das Leuciana Festival mit kulturellen Veranstaltungen im Schlosshof statt.

San Leucio ▸ Casertavecchia

Um später die Fahrt nach **Casertavecchia** fortzusetzen, müssen Sie nach Caserta zurückfahren und von dort aus den Schildern folgen. Casertavecchia, ein mittelalterliches Städtchen, liegt versteckt 400 m hoch am Hang des Monte Virgo. Besonders im Sommer ist es mit seinen malerischen Gassen ein beliebtes Ausflugsziel. Eindrucksvoll ist die auf das 12. Jh. zurückgehende Kathedrale San Michele, in der sich romanische und arabisch-normannische Bauelemente kunstvoll vereinen.

INFORMATIONEN

Reggia di Caserta

Viale Douhet 2a, Caserta • Tel. 08 23/ 27 74 68 • www.reggiadicaserta. beniculturali.it • tgl. außer Di 8.30–19.30, Park 8.30–14.30 (Winter), 8.30–18 Uhr (Sommer) • Eintritt Schloss, Park, Englischer Garten 12 €

Belvedere di San Leucio

Museum der Seidenproduktion, San Leucio • Tel. 08 23/27 31 51 • www. comune.caserta.it • tgl. außer Di 9.30–18 (Winter 17 Uhr) • Eintritt 3 € mit Führung durch Museum und Garten (Vorbestellung) 6 €

Nicht nur die Gärten der Reggia di Caserta (▸ S. 107) sind beeindruckend: In den über 1200 Räumen des Schlosses sind noch viele Möbelstücke aus dem 18 Jh. erhalten.

Durch die Monti Lattari – Römische Villen und malerisch gelegene Bergdörfer

Charakteristik: Auf der kurvenreichen Autotour werden zahlreiche Bergdörfer in den Monti Lattari besucht **Dauer:** mit Besichtigungen Tagesausflug **Länge:** ca. 80 km **Anfahrt:** Von Neapel auf der A 3 in Richtung Salerno bis nach Castellammare di Stabia **Einkehrtipp:** Trattoria Da Gemma, Via Fra Gerardo Sasso 10, Amalfi, Tel. 0 89/8713 45, www.trattoriadagemma.com, Jan., Feb. geschl. €€

 Auskunft: www.parcoregionaledeimontilattari.it

E5–F5

Die Tour beginnt in Castellammare di Stabia. Besonders in den warmen Sommermonaten und an Sonn- und Feiertagen, wenn die Küstenstraßen meist völlig überlastet sind, bietet sich diese Fahrt durch die Berge an.

Stabiae ▶ Gragnano

Von Castellammare aus führt eine Seilbahn alle 20 Min. vom Bahnhof der Circumvesuviana auf den **Monte Faito** (1131 m), von dem man ein herrliches Panorama vom Golf von Neapel bis zur Costiera Amalfitana hat. Gute, trainierte Wanderer können von diesem Ausgangspunkt zu einer fünf- bis achtstündigen Höhenwanderung aufbrechen, die in Positano endet. Der in der Antike **Stabiae** genannte Ort Castellammare wurde im Jahr 79 n.Chr. ebenfalls vom Ascheregen des Vesuv begraben. Die Ruinen mehrerer römischer Vorstadtvillen wurden allerdings erst im 20. Jh. systematisch zutage gefördert. Die Fundorte befinden sich in Hügellage an der sogenannten »passeggiata archeologica«, nordöstlich des Stadtzentrums. Zwei antike Landhäuser, einst glanzvolle römische Residenzen, die **Villa San Marco** und die **Villa Arianna**, sind zu besichtigen. Die Fahrt geht danach weiter in Richtung der **Monti Lattari** nach **Gragnano**.

Lettere ▶ Amalfi

Hier angelangt, sollten Sie einen kurzen Stopp im Ortsteil **Lettere** machen und der Burgruine aus dem 10. Jh. mit ihrem herrlichen Blick auf den Vesuv und die Sarno-Ebene einen Besuch abstatten. Eine gut ausgebaute Straße (366) führt von Gragnano über **Pimonte**, einen beliebten Ort für Sommerfrischler. Die Fahrt geht kurvenreich weiter. Danach folgt jedoch zwischen zwei Aussichtspunkten eine relativ gerade Strecke. Hinter einem Tunnel erreichen Sie das Dorf **Pianillo**, das bereits zur Gemeinde **Agerola** gehört. Agerola liegt im Zentrum der Monti Lattari auf 666 m Höhe und besteht aus dem Zusammenschluss mehrerer kleiner Bergdörfer. Die herrliche Lage an den terrassenförmigen Hängen und der ursprünglich gebliebene Dorfcharakter der Orte machen den Reiz der Gegend aus. Folgt man der Hauptstraße in Richtung Meer, erreichen Sie nach einigen Serpentinen Furore und gelangen schließlich zum Zielort Amalfi.

INFORMATIONEN

Villa San Marco, Villa Arianna
Castellammare • Öffnungszeiten wie Pompeji ▶ S. 61 • Eintritt 5,50 €

Rund um Santa Maria Capua Vetere – Highlights aus Antike und Mittelalter

Charakteristik: Bei dieser Autofahrt werden die antiken und frühmittelalterlichen Stätten rund um Santa Maria Capua Vetere besichtigt **Dauer:** mit Besichtigung Tagesausflug **Länge:** ca. 13 km **Anfahrt:** von Neapel auf der Autobahn Richtung Rom, Abfahrt Caserta Nord **Einkehrtipp:** Masseria Giò Sole, Via Giardini 31, Capua, Tel. 08 23/96 11 08 (Reservierung erforderlich), www.masseriagiosole.com

 €€ **Auskunft:** Proloco Capua, Piazza del Giudice 6, Palazzo della Guardia, Capua, Tel. 08 23/96 27 29

C/D 1

Ausgangspunkt dieser Besichtigungstour ist **Caserta**. Westlich der Stadt, das königliche Schloss im Rücken, gelangen Sie auf die **Via Appia Antica**.

Caserta ▸ Santa Maria Capua Vetere

Kaum haben Sie Caserta verlassen, erscheint auf der linken Seite ein dreigeschossiges römisches Grabdenkmal, die **Canocchia**. Es geht auf die späte Kaiserzeit (2. oder 3. Jh.) zurück. Folgen Sie der Staatsstraße weiter nach **Santa Maria Capua Vetere.** Hinter diesem Ortsnamen versteckt sich das antike Capua, jahrhundertelang eine der reichsten und mächtigsten Städte Kampaniens. Zeugnis dieser Pracht sind die Reste des großen, einst dreistöckigen **Amphitheaters** aus dem 2. Jh., das mit seiner Größe von 170 mal 140 m dem Kolosseum in Rom nur wenig nachsteht. Diese Anlage befindet sich abseits der modernen Touristenrouten und kommt wohl der romantischen Vorstellung einer römischen Ruine am nächsten.

Capua ▸ Sant'Angelo in Formis

Nach der Besichtigung fahren Sie die kleine Baumallee zurück zur Hauptstraße und weiter geradeaus auf der alten römischen Straße nach **Capua.** Das kleine, gepflegte Städtchen an der römischen Via Appia Antica

wurde an der Stelle des römischen Ortes Casilium errichtet, der einst der Hafen des antiken Capua am Fluss **Volturno** war. Imposant und schon von Weitem sichtbar erscheint die über den Volturno gebaute römische Brücke mit den Ruinen des Brückentors von Friedrich II. In den repräsentativen Gebäuden der Stadt finden Sie überall Bauteile aus dem **Anfiteatro Campano** des antiken Capua, z. B. die sieben riesigen Kopfkonsolen an der Fassade des Rathauses, das 1561 errichtet wurde.

Danach fahren Sie nach Santa Maria Capua Vetere zurück und bis zum Ortsteil **San Prisco**. Hier sollten Sie die Kirche San Prisco besuchen, denn in einer ihrer Seitenkapellen befinden sich die Überreste einer frühchristlichen Kirche mit sehenswerten Mosaiken aus dem 6. Jh.

Von San Prisco aus fahren Sie zum nordöstlich liegenden **Sant'Angelo in Formis** ab. Der kleine, von der Landwirtschaft geprägte Ort ist vor allem durch seine **Basilika** bekannt, die auf den Ruinen eines römischen Tempels gebaut wurde und wegen ihrer bedeutenden Fresken zu den interessantesten mittelalterlichen Kirchen der Region gehört.

Von Ravello nach Minuta – Natur- und Kulturgenuss hoch über dem Meer

Charakteristik: Bei diesem schönen Spaziergang oberhalb von Amalfi werden kleine Dörfer und Kirchen besichtigt **Dauer:** 1 bis 2 Std. **Länge:** ca. 3 km **Schwierigkeitsgrad:** leicht **Anfahrt:** von Neapel auf der A 3 bis Salerno, von dort weiter auf der SS 163 Richtung Amalfi, kurz vor Amalfi rechts Richtung Ravello abbiegen **Einkehrtipp:** Ristorante Pizzeria Vittoria, Via dei Rufolo 3, Ravello, Tel. 0 89/85 79 47, www.ristorantepizzeriavittoria.it, tgl. 12–15, 19–23 Uhr € **Auskunft:** www.ravellotime.it
📖 F 5

Der leicht ansteigende Spaziergang beginnt in Ravello. Seine außergewöhnlich schöne Lage 350 m oberhalb von Amalfi machte den Ort berühmt. Von Ravello aus führt der Weg durch die westlich von **Scala** gelegenen kleinen Bergdörfer.

Ravello ▶ Scala
Sie verlassen zunächst Ravello auf der nach Amalfi hinabführenden Straße, biegen jedoch an der ersten Kreuzung (großes Hinweisschild aus Keramikfliesen) rechts nach Scala (374 m) ab. Das Dorf geht auf eine römische Gründung zurück und gehörte im Mittelalter zum Städtebund von Amalfi. Nach einem kurzen Anstieg erreichen Sie den Ortseingang. Hier biegen Sie rechts in die ansteigende **Via San Pietro** (blaues Hinweisschild beachten) ein, die zur gleichnamigen kleinen Kirche führt. Wenn Sie nun an der Kirche vorbeigehen, kommen Sie etwa 5 Min. später zu einer Wegkreuzung. Hier halten Sie sich links (großer Sportplatz). Der Weg wird nun bald flacher, und Sie können einen wunderschönen Blick auf Ravello und das Meer genießen.

Campidoglio ▶ Minuta
Nach etwa einer halben Stunde Gehzeit gelangen Sie dann auf der wieder ansteigenden Straße zur Ortschaft **Campidoglio** auf 470 m Höhe. Hier liegt links am Ortseingang die kleine Barockkirche **Chiesetta dell'Annunziata**. Sie durchqueren den Ort und erreichen auf der nun abwärts führenden Straße bald **Minuta** (380 m), von wo aus sich ein treppenreicher Fußweg bis nach Amalfi zieht. Wenn Sie auf der an Minuta vorbeiführenden Hauptstraße bleiben, gelangen Sie nach etwa 20 Min. nach Scala zurück. Die Straße führt direkt zum Hauptplatz des Ortes, auf dem sich der Dom **San Lorenzo** mit seinem romanischen Portal erhebt. Im Innern sind die erstaunlich helle Krypta sowie ein einzigartiges Grabmal aus Stuck, das in der Spätgotik (1399) für die Familie Corgola entworfen wurde, besonders sehenswert. Der Dom erinnert beredt daran, dass Scala eine ruhmvolle Vergangenheit besitzt: Es ist der älteste Ort der amalfitanischen Küste, von hier aus wurden Amalfi und Ravello gegründet. Der Stifter des Johanniterordens, Fra Gerardo Sasso, wurde hier geboren. Dem Ortsheiligen San Lorenzo zu Ehren wird jedes Jahr am 10. August in Scala ein Patronatsfest veranstaltet. Am Ortsende führt die Straße nach Ravello zurück.

Der Kreuzgang der Chiesa di Santa Chiara (▶ S. 41) in Neapel
ist über und über mit Majolika-Fliesen bedeckt, die im 18. Jh. von
Donato und Giuseppe Massa geschaffen wurden.

Wissenswertes über **Amalfi-küste und Golf von Neapel**

Nützliche Informationen für einen gelungenen Aufenthalt: Fakten über Land, Leute und Geschichte sowie Reisepraktisches von A bis Z.

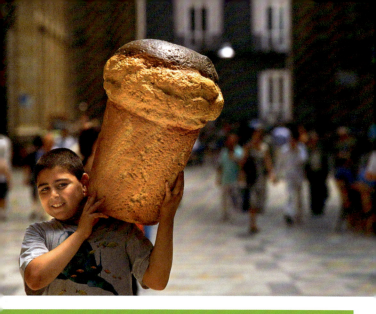

Auf einen Blick

Mehr erfahren über Kampanien: Amalfiküste und Golf
von Neapel – Informationen über Land und Leute,
von Bevölkerung über Politik und Sprache bis Wirtschaft

Amtssprache: Italienisch
Einwohner: 5 825 569
Fläche: 13 590 qkm
Größte Stadt: Neapel
Höchster Berg: Il Cervati (1899 m)
Internet: www.regione.campania.it
Religion: 98 % römisch-katholisch
Währung: Euro

Bevölkerung

Fast 4 Mio. Menschen leben rund um den Golf von Neapel. Betrachtet man allein die Stadt Neapel, so wohnen dort 1,2 Mio. auf einer Fläche von 117,3 qkm. Dies sind mit mehr als 10 300 Menschen pro qkm fünfmal mehr als in Rom. Obwohl fast jeder Vierte in der Region arbeitslos ist, überraschen die rege Geschäftigkeit und auch der Einfallsreichtum, mit denen die Menschen sich in ihrer schwierigen Situation arrangieren, um von einem zum anderen Tag zu überleben. Das beneidenswerte »dolce far niente« ist eher den Feriengästen gegönnt.

Klima

An den Küsten herrscht ein typisch mediterranes Klima mit heißen und trockenen Sommern und milden, aber feuchten Wintern. Nur in den höheren Berglagen sinken die Temperaturen unter null. Und nur selten ist der Kegelkrater des Vesuv mit Schnee bedeckt.

◄ Die hohe Arbeitslosigkeit macht die Menschen erfinderisch: Junge in Neapel mit dem Kuchen Babà in Riesenformat.

Lage und Geografie
Kampanien, im Südwesten Italiens gelegen, ist mit seinen außergewöhnlich schönen Küstenstreifen, fruchtbaren Ebenen, aktiven und ruhenden Vulkanen und dem bergigen Hinterland, das bis in den verkarsteten Neapolitanischen Apennin reicht, eine sehr vielseitige und von Kontrasten gekennzeichnete Region. Der Golf von Neapel, schon in der Antike unter dem Namen »Campania felix« bekannt, verdankt seine üppige Vegetation der Fruchtbarkeit der vulkanischen Erde. Die Sorrentiner Halbinsel bildet die geografische Grenze zum Golf von Salerno, weltberühmt durch die Amalfiküste. Im Westen Neapels erstreckt sich am Golf von Pozzuoli das Gebiet der Phlegräischen Felder, einer vom Vesuv unabhängigen Kraterlandschaft.

Politik und Verwaltung
Verwaltungstechnisch ist die Region Kampanien in fünf Provinzen eingeteilt: Neapel, Caserta, Salerno, Avellino und Benevento. Die Hauptstadt der Region ist Neapel. Seit März 2010 wird Kampanien von Stefano Caldoro, der der rechtsorientierten Partei PdL angehört, regiert.

Religion
Die Menschen der Region sind tief im römisch-katholischen Glauben verwurzelt, und sie feiern mit Leidenschaft ihre religiösen Feste. Auch der kleinste Ort besitzt eine Kirche und einen Schutzheiligen, der an seinem Namenstag mit einer Prozession gefeiert wird. Am eindrucksvollsten sind die Osterprozessionen in der Karwoche.

Sprache
Haupt- und Verwaltungssprache in Kampanien ist Italienisch. Der für den Fremden nicht leicht zu verstehende neapolitanische Dialekt mit spanischen und französischen Einflüssen wird von breiten Schichten der Bevölkerung im Alltag gesprochen. In den touristischen Zentren wird in der Regel Deutsch oder Englisch gesprochen.

Wirtschaft
Der Fremdenverkehr ist an der amalfitanischen Küste, der Sorrentiner Halbinsel und auf den Inseln Ischia und Capri die Haupteinnahmequelle. Ein Großteil der Bevölkerung lebt ausschließlich vom Tourismus, der in diesen Gebieten auf eine lange Tradition zurückblicken kann. Dagegen ist die industrielle Entwicklung Süditaliens, des Mezzogiorno, trotz staatlicher Investitionen unbedeutend geblieben. Das Bruttosozialprodukt ist in Norditalien doppelt so hoch wie im Süden. Entsprechend hoch ist die Arbeitslosenquote, die Jugendarbeitslosigkeit liegt bei 60 %. Es gibt eine Unternehmerschicht, die kleinere Baufirmen, Handwerks- und Landwirtschaftsbetriebe besitzt, die Mehrheit der arbeitenden Bevölkerung sichert sich jedoch mit Doppel- oder Schwarzarbeit ihren Lebensunterhalt. Die Schattenwirtschaft blüht, etwa in Form von kleinen Produktionsstätten in den Hinterhöfen Neapels und des Umlands, wo bevorzugt Kopien bekannter Markenartikel (z. B. Taschen, Uhren und Gürtel) hergestellt werden.

Geschichte

Altsteinzeit
Capri ist bereits besiedelt.

Um 750 v. Chr.
Griechische Siedler, die dem
Sirenenkult anhängen, gründen
auf der Felsklippe, wo heute das
Castel dell'Ovo steht, eine kleine
Niederlassung (Parthenope).

500 v. Chr.
Griechen aus Cumae gründen die
neue Stadt Neapolis (im Gebiet des
heutigen historischen Zentrums).

Um 330 v. Chr.
Capri und Neapel werden vom
Römischen Reich erobert.

194 v. Chr.
Die Römer gründen die Kolonie
Puteoli, das spätere Pozzuoli.

29 v. Chr.
Kaiser Augustus lässt auf Capri
und in Sorrento Villen errichten.

26–37 n. Chr.
Augustus' Nachfolger Tiberius
lenkt das Römische Imperium
von Capri aus.

79 n. Chr.
Beim Vesuvausbruch werden
Pompeji, Ercolano (Herculaneum)
und der Kurort Stabiae unter
Asche und Steinen begraben.

476
Untergang des Weströmischen
Reiches durch den Einfall der Ger-
manen. Der letzte Kaiser Roms,
Romulus Augustulus, stirbt im
Castel dell'Ovo in Neapel.

763
Neapel wird Herzogtum.

1137
Goldenes Zeitalter in Süditalien
unter den Normannen. Roger II.
vereinigt Sizilien und Unteritalien
zu einem Königreich.

1224–1250
Der Staufer Friedrich II. (Kaiser des
Heiligen Römischen Reichs 1220–
1250, Sohn Heinrichs VI.) gründet
in Neapel eine Universität.

1266
Das Haus Anjou erobert Neapel
und wird vom Papst mit Sizilien
belehnt. Konradin, der letzte Staufer, zieht gegen Karl von Anjou zu
Felde und wird 16-jährig auf dem
Marktplatz in Neapel enthauptet.

1442
Durch den Sieg Alfons' V. von
Aragón über die Anjou werden
Neapel und Sizilien vereint.

1504
Herrschaft der spanischen Vize-
könige. Das Stadtbild ändert sich.

17. Jh.
Mehrere Katastrophen prägen die Region: Hungersnöte, 1631 der Vesuvausbruch, 1647 der Masaniello-Aufstand, 1656 die Pestepidemie, die ein Drittel der Bevölkerung Neapels dahinrafft, und im Jahr 1688 das Erdbeben.

1709/1749
Die von Asche bedeckten Städte Herculaneum (Ercolano) und Pompeji werden wiederentdeckt, offizielle Ausgrabungen folgen.

1713
Neapel und Sizilien fallen nach dem Spanischen Erbfolgekrieg an die österreichischen Habsburger.

1787
Goethe besucht Neapel auf seiner Italienreise.

1799
Die sogenannte Parthenopäische Republik – gegründet von der französischen Armee – existiert von Januar bis Juni.

1806
Napoleon I. setzt seinen Bruder Joseph und später seinen Schwager Murat als König von Neapel und Sizilien ein.

1815
Rückkehr der Bourbonen in die Stadt Neapel.

1860
Der italienische Freiheitskämpfer Giuseppe Garibaldi führt die Truppen Vittorio Emanueles in die Stadt. Proklamation der Einheit Italiens.

1950er- bis 1970er-Jahre
Im Zuge ungebremster Bauspekulation unter Bürgermeister Achille Lauro schiebt sich die Stadt in die grünen Hügel des Vomero.

23. November 1980
Ein schweres Erdbeben trifft Neapel. Der Großteil der Bevölkerung verbringt Tage auf den Plätzen der Stadt.

1993
Durch die Aktion »Mani Pulite« gegen Korruption landet eine Vielzahl von Politikern im Gefängnis.

1994
Für das Treffen der G7 putzt sich die Stadt heraus und zeigt, dass sich eine Menge verändert hat.

2000–2011
Antonio Bassolino ist Präsident der Region Kampanien. Rosa Iervolino setzt als Bürgermeisterin das Mitte-Links-Bündnis fort.

2013
Seit 2011 ist Luigi De Magistris Bürgermeister. Mit einer kulturellen Revolution will er den Arbeitsmarkt und die Lebensqualität verbessern. Im Bereich der Müllentsorgung sind bereits große Erfolge erzielt worden.

Reisepraktisches von A–Z

ANREISE

MIT DEM AUTO

Hat man über die Schweiz oder Österreich die nördliche Grenze Italiens erreicht, führen durchgehende Autobahnen bis zum Golf von Neapel. Die Autobahngebühren in Italien sind recht hoch: Für die Strecke **Chiasso–Neapel** zahlt man circa 53 €. Es empfiehlt sich daher, ausreichend Kleingeld dabeizuhaben oder direkt an der Nordgrenze Italiens eine **Viacard** zu kaufen, von der die Autobahngebühr automatisch abgebucht wird.

MIT DEM ZUG UND WEITER PER SCHIFF

Es gibt nur wenige internationale Direktzüge an den Golf von Neapel. Meist muss man in Rom umsteigen. Von dort aus empfiehlt es sich in jedem Fall, einen **IC-Zug** oder den schnellen **Euro-Star-Zug** zu nehmen, da die »diretti« nicht nur sehr voll, sondern auch in Bezug auf die angegebene Fahrzeit sehr unzuverlässig sind. Die meisten IC-Züge kommen an dem kleinen Bahnhof **Mergellina** an, der noch aus der Zeit der Jahrhundertwende stammt. Alle drei Bahnhöfe Neapels – die **Stazione Centrale** (Hauptbahnhof) an der Piazza Garibaldi, **Mergellina** und **Campi Flegrei** – sind miteinander durch die U-Bahn (Metropolitana) verbunden.

MIT DEM FLUGZEUG

Mit Linien- und Charterflügen sowie den Günstig-Airlines ist Neapels kleiner Flughafen Capodichino ganzjährig zu erreichen. Die Flugzeit z. B. von München oder Stuttgart bei einem Direktflug beträgt knapp 2 Std. Mit dem »Alibus«, der halbstündig fährt, ist das ca. 10 km entfernte Stadtzentrum schnell zu erreichen (3 €, im Bus 4 €). Die Haltestelle liegt etwa 100 m vor der Ankunftshalle auf der linken Straßenseite. Die Taxen stehen dagegen vor der Halle. Für die Fahrten in die Stadt empfiehlt es sich, vor Fahrtbeginn den Festpreis zu verlangen (Preisliste muss im Taxi sichtbar aushängen). Für Fahrten aus der und in die Stadt wird zum angezeigten Tarif des Taxameters ein Zuschlag fällig.

Die Fahrt zu den Häfen **Molo Beverello**, Ausgangspunkt für Autofähren und Schnellboote, oder **Mergellina**, von wo aus Tragflügelboote nach Sorrento, Ischia und Capri ablegen, kostet abhängig vom Verkehr zwischen 20 und 30 €.

Auf www.atmosfair.de und www.myclimate.org kann jeder Reisende durch eine Spende für Klimaschutzprojekte für die CO_2-Emission seines Fluges aufkommen.

AUSKUNFT

IN DEUTSCHLAND UND ÖSTERREICH

Italienische Zentrale für Tourismus ENIT
– Barckhausstr. 10, 60325 Frankfurt am Main • Tel. 0 69/23 74 34 • www.enit-italia.de
– Mariahilferstr. 1b, 1060 Wien • Tel. 01/9 05 16 30 12 • www.enit.at

AN DER AMALFIKÜSTE

Touristenbüro A.A.S.T.
– Corso Repubbliche Marinare 27, Amalfi • Tel. 0 89/67 11 07 • www.amalfitouristoffice.it
– Corso Regina 73, Maiori • Tel. 0 89/87 74 52 • www.aziendaturismo-maiori.it

BUCHTIPPS

Dieter Richter: Neapel – Biographie einer Stadt (Wagenbach, 2005) Der Autor, ein Germanist und ausgewiesener Kenner der italienischen Landeskunde, hat mit diesem Buch ein anschauliches Porträt der Stadt Neapel geliefert – von den vorchristlichen Anfängen über die »grand tour« bis in die heutige Zeit.

Dieter Richter: Der Vesuv – Geschichte eines Berges (Wagenbach, 2007) Eine Kulturgeschichte des Vulkans vom Ausbruch 79 n. Chr. bis heute. Sehr empfehlenswert für alle Besucher und Interessierte, die mehr über die Region und ihre Bewohner erfahren möchten.

CAMPANIA ARTECARD

Vergünstigungen für Kulturreisende bietet die **Campania Artecard plus**. Sie ist drei oder sieben Tage gültig und bietet neun verschiedene Routen an (von 12–34 €, z. T. Ermäßigung für Jugendliche). Entsprechend der gewählten Tour sind auch die Verkehrsmittel frei. Die Campania Artecard ist am Flughafen und am Bahnhof sowie in den Museen und Hotels erhältlich.
www.campaniaartecard.it

DIEBSTAHL

Mit einigen Vorsichtsmaßnahmen kann man auch das für seine Kleinkriminalität so berüchtigte Neapel ohne anschließenden Ärger besuchen. Verzichten Sie beim Stadtbummel auf Handtaschen, Goldschmuck und ein Portemonnaie in der Gesäßtasche. In den späten Abendstunden und nachts sollten Sie auf Spaziergänge verzichten und lieber mit einem Taxi ins Hotel zurückkehren.

DIPLOMATISCHE VERTRETUNGEN

Deutsches Honorarkonsulat

▸ Klappe hinten, d 4

Via Medina 40, 80133 Napoli • Tel. 0 81/2 48 85 11

Österreichisches Konsulat

▸ Klappe hinten, e 2

Corso Umberto I 275, 80100 Napoli • Tel. 0 81/28 77 24

Schweizer Konsulat

▸ Klappe hinten, a 6

Via Pergolesi 1, 80100 Napoli • Tel. 0 81/7 61 43 90

EINTRITTSPREISE

Der Eintritt in staatliche Museen und Ausgrabungsstätten ist für EU-Bürger unter 18 Jahren frei. Einen ermäßigten Eintritt bis zu 50 % erhalten dort auch EU-Bürger zwischen 18 und 25 Jahren. Bei Sonderausstellungen und privaten Institutionen gilt diese Regelung nicht.

FEIERTAGE

1. Jan. Capodanno (Neujahr)
6. Jan. Epifania (Dreikönigsfest)
Ostermontag Lunedì dell'Angelo
25. April La Liberazione (Tag der Befreiung vom Faschismus)
1. Mai Festa del lavoro
(Tag der Arbeit)
2. Juni Festa della Repubblica
(Nationalfeiertag)
15. Aug. Assunzione di Maria Vergine (Ferragosto, Mariä Himmelfahrt)
1. Nov. Ognissanti (Allerheiligen)
8. Dez. L'Immacolata (Mariä Empfängnis)
25. Dez. Natale (1. Weihnachtsfeiertag)
26. Dez. Santo Stefano (St. Stefanstag)

FESTE UND EVENTS
APRIL
Osterprozessionen
Die eindrucksvollsten Karfreitags-prozessionen finden auf der kleinen Insel Procida (▸ MERIAN Tipp, S. 17) und in Sorrent statt. In Forio auf Ischia gibt es am Ostersonntag den »Engelslauf«, eine religiöse Darstellung des Moments, als Maria ihren auferstandenen Sohn erblickt.
Karfreitag, Ostersonntag

Musikfestival, Ravello
Konzerte im Garten der Villa Rufolo, dem Wallfahrtsort für Wagnerianer.
April–Oktober • www.ravelloarts.org

MAI
Miracolo del Sangue, Neapel
Zweimal im Jahr geschieht in Neapel das Blutwunder des Stadtheiligen San Gennaro.
1. Wochenende im Mai und
19. September

Festa di San Costanzo, Capri
Prozession von Capri bis zur Marina Grande und zurück.
14. und 16. Mai

Festa di Santa Restituta, Ischia
Bootsprozession in Lacco Ameno.
17.–19. Mai

JUNI
Regata Storica delle Repubbliche Marinare, Amalfi
Kostümumzug und Ruderregatta der vier ehemaligen Seerepubliken Genua, Pisa, Venedig und Amalfi.
Alle 4 Jahre (2016)

Festa di Sant'Antonio, Capri
Prozession durch Anacapri.
13. Juni

Festa di San Vito, Positano
Fest zu Ehren des Stadtpatrons.
15. Juni

Festa di Sant'Andrea, Amalfi
Prozession mit Stadtfest.
27. Juni, 30. November

Leuciana Festival, San Leucio
Internationales Musik- und Tanzfestival am Belvedere des Schlosses von San Leucio.
Ende Juni–Ende Juli •
www.leuciana.org

JULI
Festa di Sant'Anna, Ischia
Prozession Hunderter beleuchteter Boote mit Feuerwerk.
26. Juli • www.festadisantanna.it

SEPTEMBER
Settembre al Borgo, Casertavecchia
Theater- und Musikveranstaltungen.

GELD
Banken haben werktags von 8.30–13 Uhr geöffnet. Die Öffnungszeiten am Nachmittag variieren.

LINKS UND APPS
LINKS
www.incampania.com
Aktuelle Informationen zu Orten und Veranstaltungen.
www.kampanien-reisen.de
Kurze Beschreibung einzelner Orte mit Buchungsplattform für Ferienwohnungen und Villen der Region.
www.portanapoli.com
Umfassende Reisetipps auf Deutsch zur Amalfiküste und Golf von Neapel.
www.urlaub-amalfi.de
Detaillierte Informationen zu einzelnen Orten der Amalfiküste und der näheren Umgebung auf Deutsch.

APPS

Osterie d'Italia

Der konkurrenzlose kulinarische Reiseführer für alle Italienfans. iOs • 14,99 €, einzelne Regionen ab 1,79 €

MEDIZINISCHE VERSORGUNG

KRANKENVERSICHERUNG

Die Vorlage einer Europäischen Krankenversicherungskarte (EHIC) ist ausreichend. Als zusätzlicher Versicherungsschutz empfiehlt sich der Abschluss einer Auslandskrankenversicherung, da diese Krankenrücktransporte mitversichert.

KRANKENHÄUSER

In allen größeren Städten der Region gibt es öffentliche Krankenhäuser.

APOTHEKEN

Apotheken sind in der Regel von 8.30–12.30 und 15.30–19.30 Uhr geöffnet.

NEBENKOSTEN

1 Tasse Espresso	ab 0,80 €
1 Bier (Flasche)	ab 2,50 €
1 Cola/Limo	ca. 2,50 €
1 Brot	2,50 €
1 Liter Benzin	ab 1,60 €
1 Schachtel Zigaretten	5 €
(italienische)	4,60 €
Fahrt mit öffentl. Verkehrsmittel	
(Einzelfahrt)	1 €
(90 Minuten)	1,50 €
Mietwagen/Tag	ab 50,00 €

NOTRUF

Euronotruf: Tel. 112
(Polizei, Feuerwehr, Rettungsdienst)

ÖFFNUNGSZEITEN

Bei Museen und Sehenswürdigkeiten sollte man auf die Angaben in den Tageszeitungen achten, da sie von der Saison und verschiedenen Unwägbarkeiten abhängig sind. Im Winter sind sie meist nur vormittags geöffnet.

ENTFERNUNGEN (IN KM) ZWISCHEN WICHTIGEN ORTEN

	Amalfi	Aversa	Caserta	Cuma	Ercolano	Neapel	Pompeji	Pozzuoli	Salerno	Sorrento
Amalfi	–	85	100	90	56	69	39	84	25	41
Aversa	85	–	19	26	32	17	45	25	74	67
Caserta	100	19	–	45	36	20	62	44	90	80
Cuma	90	26	45	–	30	18	49	6	78	71
Ercolano	56	32	36	30	–	9	10	25	45	40
Neapel	69	17	20	18	9	–	28	15	57	50
Pompeji	39	45	62	49	10	28	–	43	29	28
Pozzuoli	84	25	44	6	25	15	43	–	72	65
Salerno	25	74	90	78	45	57	29	72	–	66
Sorrento	41	67	80	71	40	50	28	65	66	–

Archäologische Stätten sind gewöhnlich von 9 Uhr bis 1 Std. vor Sonnenuntergang geöffnet.

POST

Die Briefkästen in Italien sind rot. Briefmarken erhält man in allen Tabakläden und Postfilialen. Eine Postkarte nach Deutschland, Österreich und in die Schweiz kostet 0,95 €.

REISEDOKUMENTE

Deutsche, Österreicher und Schweizer können mit einem gültigen Reisepass oder Personalausweis (Identitätskarte) einreisen. Kinder benötigen ein eigenes Reisedokument.

REISEWETTER

Von April bis Oktober herrscht ideales Reisewetter, wenn man den italienischen Urlaubsmonat August ausschließt. In diesem Monat sollte man die Hitze, Ausgrabungsstätten und die überfüllten Urlaubsorte lieber meiden.

STROM

Für elektrische Geräte wird selten ein dreipoliger Steckeradapter benötigt.

TELEFON

VORWAHLEN
D, A, CH ▸ Italien 00 39
Italien ▸ D 00 49
Italien ▸ A 00 43
Italien ▸ CH 00 41

Nach der internationalen Vorwahl für Italien wird die Ziffer »0« vor die Ortskennzahl gesetzt. Auch die Vorwahl der Provinz Neapel (0 81) muss bei Ortsgesprächen immer mitgewählt werden. Handys funktionieren in Italien fast flächendeckend gut,

öffentliche Telefonzellen sind seltener geworden.

TIERE

Hunde und Katzen benötigen zur Einreise einen EU-Heimtierausweis (stellt der Tierarzt aus) mit Nachweis einer Tollwutimpfung. Das Tier muss durch einen Mikrochip identifizierbar sein.

VERKEHR

AUTO
Feriengäste mit eigenem Wagen dürfen auch im Sommer, im Gegensatz zu den Bewohnern Kampaniens, auf die Inseln übersetzen.
Neapel sollte man jedoch besser zu Fuß entdecken und sein Auto in der Hotelgarage oder an dem zentral gelegenen, bewachten Parkplatz am **Molo Beverello** abstellen.

ÖFFENTLICHE VERKEHRSMITTEL
Die Inseln sind durch gut funktionierende Buslinien erschlossen.
Eine Regionalbahn, die **Circumvesuviana,** führt vom Hauptbahnhof Neapels an der Piazza Garibaldi ausgehend um den Vesuv herum. Alle 10–20 Min. fährt eine der beiden Linien über Pompeji, Ercolano und Castellammare in ca. 1 Std. bis nach Sorrento.
Die lokale Zuglinie **Cumana** verbindet im 10-Min.-Takt Neapel mit den Orten Pozzuoli, Baia, Cuma und Torregaveta.
Das **Metrosystem** der Stadt Neapel besteht aus drei Linien und gehört zu den schnellsten Verkehrsmitteln der Stadt. Die Linie 1, die von der Piazza Garibaldi im 10-Min.-Takt bis Piscinola fährt, hat mit den Stationen Toledo und Università die eindrucksvollsten, von modernen

Künstlern gestalteten »Kunsthaltestellen«. Die Linie 2 beginnt ebenfalls am Hauptbahnhof und führt nach Pozzuoli. Die Linie 6 geht von Mergelina nach Fuorigrotta.

Eine Reihe privater und staatlicher **Autobuslinien** verbindet Neapel mit dem Umland. Hier sind für Besucher besonders die blauen Überlandbusse (**SITA**) interessant. Sie verkehren zwischen Neapel und Salerno und schließen dabei die malerischen Orte der amalfitanischen Küste mit ein.

SEILBAHN

Um in Neapel schnell und praktisch auf den Hügel Vomero zu gelangen, stehen drei Standseilbahnen, »funicolari«, zur Verfügung: Sie heißen Funicolare di Montesanto, di Chiaia und di Centrale.

SCHIFFE UND FÄHREN

Zwischen Molo Beverello und Molo Porto di Massa in Neapel und Sorrento, Positano, Amalfi sowie den Inseln Ischia, Procida und Capri verkehren von den frühen Morgenstunden an bis etwa gegen 21 Uhr »traghetti«, Fähren, und Schnellboote (»Linea Jet«). Die schnellen »aliscafi«, Tragflügelboote, fahren vom Hafen in Mergellina ab. Von Pozzuoli aus kann man ebenfalls mit der Fähre zu den Inseln Ischia und Procida übersetzen.

Sechs Meeres-Bootslinien (Metrò del Mare) sorgen von Ostern bis Ende September für schnelle Schiffsverbindungen in Kampanien. Info: www.metrodelmare.com oder www.unicocampania.it

ZOLL

Reisende aus Deutschland und Österreich dürfen Waren abgabenfrei mit nach Hause nehmen, wenn diese für den privaten Gebrauch bestimmt sind. Bestimmte Richtmengen sollten jedoch dabei nicht überschritten werden (z. B. 800 Zigaretten, 90 l Wein und 10 kg Kaffee). Weitere Auskünfte finden Sie unter www.zoll.de und www.bmf.gv.at/zoll.

Reisende aus der Schweiz dürfen Waren im Wert von insgesamt 300 SFr abgabenfrei mit nach Hause nehmen, wenn diese für den privaten Gebrauch bestimmt sind. Tabakwaren und Alkohol fallen nicht unter diese Wertgrenze und bleiben in bestimmten Mengen abgabenfrei (z. B. 200 Zigaretten, 2 l Wein). Weitere Auskünfte finden Sie unter www.zoll.ch.

Klima (Mittelwerte)	JAN	FEB	MÄR	APR	MAI	JUN	JUL	AUG	SEP	OKT	NOV	DEZ
Tagestemperatur	12	13	15	18	23	26	29	29	26	22	18	14
Nachttemperatur	7	7	9	11	15	18	21	21	19	15	11	9
Sonnenstunden	4	4	5	7	8	9	10	10	8	6	4	3
Regentage pro Monat	11	11	11	9	7	6	2	3	7	10	10	13
Wassertemperatur	14	13	14	15	18	21	24	25	24	21	18	15

Orts- und Sachregister

Wird ein Begriff mehrfach aufgeführt, verweist die **halbfett** gedruckte Zahl auf die Hauptnennung. Abkürzungen: Hotel [H], Restaurant [R]

Liebe Leserinnen und Leser,
vielen Dank, dass Sie sich für einen Titel aus unserer Reihe MERIAN *live!* entschieden haben.
Wir freuen uns, Ihre Meinung zu diesem Reiseführer zu erfahren. Bitte schreiben Sie uns an
merian-live@travel-house-media.de, wenn Sie Berichtigungen und Ergänzungen haben – und
natürlich auch, wenn Ihnen etwas ganz besonders gefällt.
Alle Angaben in diesem Reiseführer sind gewissenhaft geprüft. Preise, Öffnungszeiten usw.
können sich aber schnell ändern. Für eventuelle Fehler übernimmt der Verlag keine Haftung.

© 2015 TRAVEL HOUSE MEDIA
 GmbH, München
MERIAN ist eine eingetragene Marke der
GANSKE VERLAGSGRUPPE.

1. Auflage

Alle Rechte vorbehalten. Nachdruck, auch
auszugsweise, sowie die Verbreitung durch
Film, Funk, Fernsehen und Internet, durch
fotomechanische Wiedergabe, Tonträger und
Datenverarbeitungssysteme jeglicher Art nur
mit schriftlicher Genehmigung des Verlages.

**BEI INTERESSE AN DIGITALEN DATEN
AUS DER MERIAN-KARTOGRAPHIE:**
kartographie@travel-house-media.de

**BEI INTERESSE AN MASSGESCHNEI-
DERTEN MERIAN-PRODUKTEN:**
Tel. 0 89/4 50 00 99 12
veronica.reisenegger@travel-house-
media.de

BEI INTERESSE AN ANZEIGEN:
KV Kommunalverlag GmbH & Co KG
Tel. 0 89/9 28 09 60
info@kommunal-verlag.de

TRAVEL HOUSE MEDIA
Postfach 86 03 66
81630 München
merian-live@travel-house-media.de
www.merian.de

VERLAGSLEITUNG
Dr. Malva Kemnitz
REDAKTION
Sylvia Hasselbach
LEKTORAT UND SATZ
bookwise, München
BILDREDAKTION
Dr. Nafsika Mylona
HERSTELLUNG
Gloria Schlayer, Bettina Häfele
REIHENGESTALTUNG
La Voilà, Marion Blomeyer & Alexandra
Rusitschka, München und Leipzig
(Coverkonzept, Ergänzungen Innenteil)
Independent Medien Design, Horst Moser,
München (Innenteil)
KARTEN
Kunth Verlag GmbH & Co. KG für
MERIAN-Kartographie
DRUCK UND BINDUNG
Firmengruppe APPL, aprinta druck,
Wemding

Ein Unternehmen der
GANSKE VERLAGSGRUPPE

PEFC/04-32-0928

BILDNACHWEIS
Titelbild (Fischerhafen Corricella auf Procida): mauritius images: alamy
AnzenbergerAgency: Anzenberger-Fink 20 • Bildagentur Huber: G. Greco 51, Gräfenhain 89, J. Huber 82,
Kaos02 36/37, M. Rellini 71, S. Scatà 114 • dpa Picture-Alliance: Bildagentur-online 6, 65 • F1online 11 •
fotolia.com: D. Ionut 41, eyma 95, J. Sturm 100, janoka82 86, Liberty 76, Sergiogen 58 • gemeinfrei 116r, 117l •
Glow Images: imageBROKER 38 • imago: E. Wrba/imageBROKER 63 • JAHRESZEITEN VERLAG:
GourmetPictureGuide 48 • laif: A. Artz 26, A. Hub 9, 116l, E. Paoni 15, 25, F. Heuer 22, 102/103, H. Madej
7m, 18/19, 56, L. Maisant/hemis.fr 112/113, M. Galligani 4, 47, Ogando 13, 16, 31, R. Celentano 28, S. Henkel-
mann 34, T. Bonaventura 32 • look-foto: age fotostock 17 • mauritius images: alamy 42, euroluftbild.de/bsf
swissphoto 14, imageBROKER 66 • R. Hackenberg 78 • Schapowalow: M. Rellini/SIME 2 • Shutterstock 7u,
68, 73 , 105, 106, basel101658 117r, D. Ascione 7o, 60 • Bildagentur-online: Tips-Masci 108